나 無

나무가 들려주는 삶의 이야기

전이섭 지음

책을 펴면서

나무를 바라봄, 나를 바라봄

보이는 것 너머로의 세계
또 다른 의식적 경험의 토대로 자리하는 시간
어떻게 바라보며, 관계하며, 이해하느냐에 따라

Beyond seeing

   나무를 주제로 글의 가닥을 잡은 것은 우리의 삶 주변에서 늘 함께 하며 아낌없이 주는 존재이기 때문이었다.
   과거, 목공(가구디자인)을 하면서 기물을 만드는 쓰임의 의미로 나무를 보던 것과는 달리, 일상의 삶과 함께 하는 반려의 나무라는 새로운 의미로 바라보고 싶었다. 묵묵하게 자기의 생을 이어가는 나무를 보며, 보이는 것 너머로의 세계도 들여다보고 그들의 생을 예찬하면서 '나'의 삶도 돌아보는 성찰의 시간을 보내고자 했음이다.
   "왜, 어떻게 해야 내가 사람답게, 즐겁고 행복하게 살 수 있나?" 하는 물음에 대한 답을 찾아가는데 있어 나무가 한 소재로 자리하는 것이며, 그 해법을 찾는데 있어서의 방법 중 하나가 '나무를 바라봄' 그리고 '나를 바라봄' 이었다.
   빠른 세상의 변화는 우리에게 새로운 삶의 이유를 빠르게 물어오고 있다.

정답도 빨리 요구해온다. 그런 세상사는 나의 삶, 그리고 우리에 대한 진지한 고민을 불러일으켰다.

그 숙고의 시간 속에 나름의 해법이란 것이 넓게 보다는 좁게, 크게 보다는 작게, 멀리 보다는 가까이, 그러다보면 피상적 막연함도 구체화된 모습으로 우리 눈앞에 어떤 현상으로 나타나지 않을까도 생각해봤다. 그래서 내 주변의 '나무'를 바라봤고, 그러다가 '나'를 바라보는 것으로 귀결되었다.

본질 자체

지난날, 현상학(Phenomenology) 공부에 천착할 때가 있었다.

현상학이란, '현상과 경험의 의미'를 찾으려는 학문이다. '현상現象'이라는 말은 어떤 객관적인 사물을 가리키는 것이 아니라, 어떤 의식에 대한 경험의 대상이 의식 앞에 구체적으로 나타나는 모습을 말하는 것이었다. 또한 의식과의 관계에 의해 이루어지는 경험이며, 그 경험 인식을 통하여 '본질 자체'를 파악하고자 하는 것이었다.

정리해보면, 우리의 모든 행위는 결국 무엇인가를 하는 것이거나 알아가는 것인데, 경험을 통해 주관적이고 보다 구체적인 모습을 확인해가는 것이다. 그리고 그 경험의 의미는 일상의 세계가 그냥 주어졌거나 당연하게 살아가는 오늘이 아니라 제대로 의식하지 않았던, 또는 의식하지 못했던 삶의 진실과 의미를 되새겨 앞으로 우리 삶의 중요요소로 자리매김하도록 하는 것이었다.

관습적(편견이나 선입견을 배제)인 태도나 이론적 세계관에서 이루어지는 모든 앎과 이해(기존의 생각이나 가설)를 당연한 것으로 받아들이지 않고, 이해 자체를 재고再考하며 드러내는 것이기도 했다.

이러한 개념들로부터 내 눈 앞에 펼쳐지는 '내 주변의 흔한 나무'라는 현상들이 어떻게 '나의 의식으로부터' 존재하고 나타나는지, 또 그 의식이 '나와 어떻게 관계 하는가'에 주목하기도 했다.

그 주목하는 동안은 단순히 '과거-현재-미래'가 아니라, '깃듦-스밈-헤아림'이라는 구조로 이어지며 또 다른 의식적 경험으로 자리하는 시간이었다.

존재의 이유와 안녕

현상과 흐름은 넘쳐난다. 다 담을 수도 없을 만큼 쏟아지는 매일 매일을 우리는 살아가고 있다.

중요한 것은 일상 속, 작은 하나의 현상일지라도 어떤 관점으로 바라보고, 어떻게 관계하며 이해하느냐 하는 것이겠다. 그 해석의 방법과 기술에 따라 누군가에게는 유의미한 주제와 커다란 영감을 가져다 줄 것이다.

나에게는 내 눈 앞에 펼쳐지는 '나무'라는 현상이 생각의 변곡점으로 다가왔다. '나무'는 '나'란 '존재의 이유'를 되짚어보게 하는 소중한 생명체였다. 내가 '나무'를, 그리고 '나'를 이야기 할 수 있음은 '지금 여기', '나'란 '존재의 안녕'이 있기 때문이었다.

나무와 뭇 생명들의 공동체
천성산 아래 '문화교육연구소田'에서..., 田

추천사

　전이섭의 [나無]를 읽으면서 나는 부끄럽고 부러웠다.
　사물을 바라보는 내 태도가 부끄러웠고, 사물이 가지고 있는 내면을 읽지 못했던 내가 부끄러웠다. 한편, 나무를 바라보는 그의 시선이 부러웠고, 실타래처럼 풀어내는 그의 사유가 부러웠다. 한 사람의 문장을 만나 부끄러움과 부러움을 동시에 만나기는 결코 흔한 일이 아니다.
　전이섭의 [나無]는 단지 나무에 대한 이야기가 아니다. 본성을 알아 관계를 읽으며 그 속에 삶을 성장시키는 생의 순리다. '답게' 살아가야 할 이유와 '답게' 살아가는 생철학이다. 생의 순간순간이 품은 힘을 만나 마침내 나를 발견하는 황홀한 여정이다.

김종희
미학자, 수필가, '문화공간 빈빈' 대표

추천사

저자 전이섭은 나무를 느끼며 창작을 해왔고, 여러 자연활동을 통해 아이들에게 삶의 지혜와 다양한 경험을 이야기해 왔으며, 생활 속에서 나무를 가꾸며 과거와 현재 그리고 미래를 이어가는 사람이다.

[나無]는 생태학적 관점과 인문학적 통찰이 저자의 일상과 만나 아름답게 어우러진 작품이다.

나무와 함께한 자신의 경험과 사색을 일상의 언어로 솔직하게 풀어낸 이야기 속의 깊은 지혜는 마치 나무 그늘처럼 편안하면서도 우리의 영혼을 풍요롭게 해준다.

그는 나무를 단순한 식물이 아니라, 인간과 함께 해 온 삶의 동반자로 비춘다. 나무 한 그루 속에 세월의 흔적과 이야기가 깃들어 있어 마치 우리의 삶을 읽어내는 듯 한 깨달음을 주기도 한다.

또한 분주한 일상 속에서 자연과의 연결고리를 만들어준다. 이야기를 들여다보면 자연과 인생에 대한 새로운 시선을 열어주고, 삶의 아름다움과 의미를 다시 찾도록 도와주는 소중한 길잡이가 되어줄 것이다.

이 책의 페이지를 넘기다 보면, 내 곁에 있는 나무를 다시 한 번 보고 싶어질 것이다.

곽승국
환경교육자, 생태관광전문가, '자연과사람들' 대표

목차

책을 펴면서

추천사 | 김종희 곽승국

봄

겸양지덕謙讓之德의 배움 • 16

화이부동和而不同의 가르침 • 22

역설逆說 : 굽어진 숭고미崇高美 • 28

역사가 새겨진 나무 • 35

신록新綠 : 격물궁리이자, 교감하는 때 • 41

담기 위해 비우는 오동나무 • 48

소신과 공생의 대竹 • 55

벽오동에 기대어서 • 61

여름

지금 여기, 존재의 안녕 • 72

관물觀物 : 보는 것을 넘어 • 79

행복을 부르는 자귀나무 • 86

껍데기를 벗고 커가는 나무와 삶 • 94

참나무와 진짜의 삶 • 103

자기철학 분명한 선비의 나무 • 112

여름은 물성物性 탐구의 시간 • 121

소확행, 그 속에 담긴 나무 • 130

목차

가을

헤아림, 은행나무를 들여다보며..., • 142

나무를 보며 각양각색各樣各色을 고민 • 151

능소화 꽃을 보며 이음에 대해서 • 160

대추, 깃들음의 과실나무 • 168

감과 함께 하는 사유思惟의 시간 • 177

따스함 스며든 치자나무 • 185

가을 단풍丹楓, 가을 단상斷想 • 192

가시에게 존재의 이유를 물어보다 • 200

겨울

벚나무를 보며 나다움을 생각 • 212
갈등과 소통은 하기 나름 • 221
자기 노래를 그려가는 겨울 목련 • 230
통찰과 성찰의 어느 즈음을 노래하다 • 240
나무향기, 사람향기 • 250
색즉시공色卽是空 공즉시색空卽是色 • 260

창작의 세계
생명의 나무 • 270

책을 마치면서 • 300

봄

각각의 나무들은 그 스스로의 모습으로 「화이부동」을 표현하고 있다.
모여서 숲을 이루고 살아가지만, 자신의 기질은 그대로를 유지하며
살아가려는 모습이 크게 다가왔다.
나무가 가르쳐준다. 화합하되 소신 있게 살아가라고…

겸양지덕謙讓之德의 배움

묵은 껍질은 스스로가 성장해가는 자양분
겸손한 자세로 차례를 지켜 자신의 생을 표현
당당하게 땅을 딛고, 공손히 하늘을 이고 살아가는 겸손

序

　먼 과거의 역사와 위대한 인물들의 이야기는 회자되지만, 우리와 함께 숨 쉬며 살아왔고, 살아가고 있는 부모님 세대, 그 이전의 할아버지, 할머니 세대의 보편적 서민들의 근현대 생활문화사가 많이 누락되어 있다고 생각해왔다. 급변해가는 시대 흐름 속에 지역 곳곳의 변화에 대한 기록의 부재를 늘 아쉬워하고 있었다.

　이에, 몇 해 전에는 지역에 대한 애정으로 발걸음을 하여 지역과 사람들의 이야기를 담아내는 작업 [토포필리아 양산]을 한동안 진행해보았다.

　이처럼, 우리와 함께 살아가고 있는 주변의 흔한 나무들에 눈길과 마음을 열어 애정으로 바라보면 "우리의 삶이, 또 나의 삶이 어떻게 달라질 수 있을까?" 라는 생각에 다다르며, 그 생의 이야기들을 담담하게 펼

쳐보고 싶었다.

　오래되고, 큰 노거수老巨樹라든가 어떤 특정의 유명한 나무이야기를 하고 싶지는 않았다. 전문지식을 갖춘 학자가 아니라 나무와 함께 살아가는 한 사람으로서, 여러 생명체와 함께 살아가는 우주의 한 생명체로서 삶에 대한 궁극의 이유를 나무에 투영시켜 찾아보고 나무의 살아감도 찬양해보려 하였다.

　지난 세밑에 지역 신문의 신년사를 의뢰 받으며, 짧은 글쓰기에도 적잖이 고민을 하였었다. 누군가는 함축된 사자성어四字成語로, 또 누군가는 띠十二支를 운운하며, 또 누군가는 각자의 희망사항으로 글을 이어가

❙ '문화교육연구소田'의 한 가운데에 자리하는 느티나무는 사계절 다른 모습으로 성장해가고 있다.

겠지만, 나는 나무를 통해 성찰하는 삶을 이어가겠다며 새로운 한 해를 소망했었다.

그도 그럴 것이, 십수 년 전, 연구소 한가운데 심어놓은 어린 느티나무가 병충해를 견디어내며 훌쩍 자라 엄동嚴冬에도 뿌리 굳게 내리고 안으로는 나이테를 만들면서 밖으로는 싱그러움을 발하기 위해 안분지족安分知足의 생을 이어가는 모습 그 자체로서 큰 가르침을 주었기 때문이다.

무릇, 글을 쓴다는 것은 인생 공부의 한 방법이자 성찰의 시간이며, 창조의 시간이고, 공유와 공감의 기회를 가지는 것이다. 나무를 통해 여러 공감대를 만들어간다면, 또 나를 다독거린다면 좋겠다는 소박한 마음으로 졸필을 이어가고자 하였다.

사람 중심의 바라봄

세상이 점점 대단하고 훌륭한 것들을 이야기하다보니 어느새 우리 주변에서도 그런 것들에 함몰되어 소소한 일상을 놓치며 살아가고 있지는 않나 생각해본다.

나무를 바라봄에 있어서도 많은 사람들은 나무의 전성기 시절의 한 때와 한 부분만을 주로 기억하고 있을 것이다. 꽃을 피울 때는 그 자태와 향기를, 열매를 내어줄 때는 그 탐스러움을, 알록달록 단풍 들 때는 그 색깔을 탐하다가 잎 떨구고 덩그러니 서 있는 나무에게는 눈길조차 주지 않고 잊어버리기 일쑤다.

나무의 한 부분만 보다가 무관심해지는 것 중에 특히 매화(매실)나무가 대표적이라 하겠다. 혹독한 추위를 이겨낸 인고의 시간은 뒤로 한 채, 꽃을 피울 때는 매화나무라 하였다가 열매를 맺을 때는 매실나무라 이름을

| 소나무 수피(껍질) | 편백나무 수피(껍질) |
| 느티나무 수피(껍질) | 양버즘나무 수피(껍질) |

바꿔가며 그 아름다움과 달콤함만을 취하기 때문이라 생각한다.

열매까지 내어주고 난 나무의 껍질은 어떠한지, 잎사귀는 어떤 생김새일까 사람들은 기억이나 하고, 눈길이나 줄까? 마치 사람을 대할 때 예쁜지, 멋있는지, 부자인지, 사회적 지위가 어떤지에만 관심 갖고 나머지는 냉대하는 것이나 다름 아니겠다.

바야흐로 꽃의 향연이 한창이다. 지구 온난화 때문일까 늦게 잎 떨고, 꽃 피움이 점점 빨라지는 듯하다. 어김없이 꽃구경, 꽃 축제가 여러 곳에서 진풍경을 자아내고 있지만 축제의 주체가 나무인데 노래하고 춤추는 놀이판인지, 먹자판인지 구별이 어렵다. 축제 주변의 도로는 차량행렬로 이어지고, 꽃을 품고 있는 나무의 근본은 뒷전인 채 꽃을 배경으로 사진 찍기에 혈안이 된 사람들뿐이다. 다분히 사람 중심의 축제가 펼쳐진다.

나무는 이를 아는 듯, 모르는 듯 제 자리에서 제 삶을 이어가고 있을 뿐이다. 사람들이 그에게 달린 꽃만 쳐다본다고 불평하지 않는다. 온갖 새들과 벌레들이 쉬어간다고, 비바람이 몸을 떨게 한다고, 햇살이 몸을 따갑게 한다고 노여워하지도 않는다. 언제나 주어진 자리에서 때 되면 꽃을 피우고, 잎을 하늘거리고, 열매를 매달아 우리들의 육감六感을 자극한다.

겸손의 미덕美德

주위를 둘러보면 소나무, 감나무, 팽나무, 편백나무, 느티나무, 모과나무, 배롱나무, 버즘나무가 침잠에서 깨어나 조용히 껍질을 벗고 새 옷을 갈아입고 있다. 묵은 껍질은 또 스스로가 성장해가는 자양분으로 쓰고 있다. 결코 자신을 내세우지 않고, 자연의 순리에 따르는 그 자체로서 겸손의 모습이다.

봄의 전령 목련 꽃이 떨어지고 나니 배 꽃, 체리 꽃이 차례로 하얀 꽃잎을 벌려 완연한 봄의 기운을 불러들인다. 한창 물을 빨아올리고 있는 다래와 키위는 여린 연둣빛 잎을 펼쳐 햇살을 모으고 있다.

이렇게 주변의 나무들은 벌써 연두빛깔로 변신을 하며 겸손한 자세로 차례를 지켜 그들을 생을 표현하고 있다.

고개를 들어 동쪽으로 바라보면 아직은 회갈색 빛이지만, 신록을 맞이하기 위해 거경궁리居敬窮理하고 있는 참나무(굴참, 갈참, 졸참, 떡갈, 신갈, 상수리)와 뭇 생명들의 공동체인 천성산이 있다.

　유라시아대륙에서 해가 제일 먼저 뜬다는 명산으로 역사, 환경, 관광의 효용가치로 회자될 천성산이겠지만, 나에게 있어서는 한 평생 참나무를 베어 숯 굽는 일을 통해 논밭을 개간해가며 가업을 이뤘던 할아버지의 작업터이자 삶의 애환이 깃든 곳으로 각인되어 있다.

　'천성산 = 참나무 = 할아버지' 라는 등식이 성립된다.

　평생을 농군, 산사람으로 살며 겸손이 무엇인지를, 진실됨이 무엇인지를 몸소 보여주시던 할아버지 그 자체가 천성산이었다. 할아버지는 가고 안 계시지만, 참나무로 가득한 천성산은 현재 진행형의 온화한 모습으로 겸손의 미덕을 보여주고 있다.

　자연의 순리에 따라 하루가 다르게 변해가는 나무의 모습 이면에 주어진 땅을 당당하게 딛고, 하늘을 공손히 이고 살아가는 변하지 않는 나무의 겸손을 배워가고자 한다.

｜대석마을 물안뜰에서 바라본 이른 봄의 천성산

화이부동和而不同의 가르침

각자가 가진 고유성을 찾고, 이어가는 배움의 과정
각자의 고유성으로 화이부동을 표현하는 나무들
나무로부터 읽어 들이는 화합과 소신의 메시지

나무 세계의 화이부동和而不同

한 대학의 교수로부터 질문을 받았다. [논어論語]의 '화이부동和而不同'에 대해 설명을 해보라는 것이다.

나는 '화이부동(화합하되 자신의 바른 뜻은 바꾸지 않음)'의 의미를 알고 있었지만, 상대가 인문학을 하는 교수인지라 어설픈 대답으로 내 밑천이 드러날까 위축되어 '소신'이라는 단어만 맴돌다가 간략히 얼버무리고 말았다.

상대가 누구냐에 따라 확실하게, 소신 있게 대답을 못했던 나 자신에게 화가 나기도 했고, 학문을 좀 했다고 하는 사람들은 어떤 현상을 마주하면 자신의 학문 분야에 이입하여 본질에서 벗어나 알량한 학식을 드러내고, 가可타부否타하는 부분에 대해서도 못마땅했었다.

무릇, 인문학이란 삶의 터전 안에서 각자가 가진 고유의 무늬를 찾아

▎하늘을 향한 초록나무들의 손길

이어가고자 하는 공감(배움)의 과정임을 다시 되뇌어본다. 그리고 나무 세계의 '화이부동'을 읽어 들이기 위해 비 멎은 아침, 천성산 홍룡폭포 골짜기로 발걸음을 해 보았다. 꽃잎 다 떨어진 벚나무는 연두빛깔로 옷을 갈아입으며 분홍빛 꽃길을 만들어주고 있었다.

   다양한 초목들이 조화롭게 숲을 이루면서도 각각의 나무들은 제 모습과 제 색깔을 갖추며 나름의 생을 이어가고 있다. 비 멎고 떠오른 햇살을 받아들이기 위해 주어진 자리에서 연초록 잎을 반짝거리며 하늘 위로 가

굳세게 당당한 팥배나무

홍룡폭포 가홍정 앞의 층층나무

지를 뻗어 올리는 모습은 마치 하늘을 향해 손길을 내미는 듯하다. 그 움직임이 요란스럽지 않고 평화롭다.

팥배나무, 층층나무

이 중, 유난히 어린 두 나무가 나를 붙들었다. 아니 내가 그 나무들에게로 이끌렸다.

앙증맞은 나무는 이제 2년생 정도 되어 보였다. 잎 가장자리는 불규

칙한 톱니지만, 나란한 잎맥이 도드라져 그 고유의 정체성을 한눈에 알아볼 수 있었다. 그 열매가 팥을 닮았고, 하얗게 피는 꽃은 배나무 꽃을 닮았다 하여 이름 붙여진 팥배나무이다.

영명은 'korean mountain ash'이며, 한자 이름은 '감당甘棠'인데, 중국인들에게는 정치를 잘하는 사람에 대한 경의敬意를 의미한다고 한다. 연燕나라 시조인 소공(召公 奭)은 선정을 베풀어 백성들로부터 존경을 받았고, 지방을 순시할 때 감당나무 아래에서 송사를 판결하거나 정사를 잘 처리했다 하여 '감당지애甘棠之愛'로 특별한 의미를 가진다 한다. 참나무에 밀려 군락지를 이루기는 어렵다 하지만, 붉은 열매는 겨울을 나는 새들의 먹이가 된다 한다.

이와 함께 고유의 정체성을 한눈에 알아볼 수 있는 또 한 그루의 나무 역시 2년생 정도의 어린 나무지만, 붉은 가지에 수형이 멋진 모습이다.

긴 가지가 줄기를 빙 둘러 층층이 난다 하여 이름 붙여진 층층나무이다. 목질이 치밀하여 해인사 팔만대장경 목판의 일부로도 쓰였다 하며, 예전에는 껍질을 염료로도 사용했다 한다. 수형과 꽃이 아름다워 밀원이 부족한 우리나라에 유용하며 가로수 등 조경수용으로도 훌륭한 나무라 한다.

많은 나무들이 살아가는 방식도 사람 세계처럼 저마다 각각 다르다. 소나무나 참나무는 같은 무리들끼리 모여 사는데 비해, 층층나무는 모여 살지 않는다. 동족간의 경쟁을 통해 빨리 자라려고 애쓰지 않고, 떨어져 살아도 키 20미터 정도로 곧게 자라며 가지가 층을 이루어 우산 모양으로 세력을 넓혀가는 생태적 특성을 갖추고 있다 한다.

이렇듯, 각각의 나무들은 그 스스로의 모습으로 '화이부동'을 표현하

큰 팽나무 곁으로 옮겨 심은 두 그루의 어린나무

고 있다. 화합하여 숲을 이루고 살아가지만, 자신의 기질은 그대로를 유지하며 소신 있게 살아가려는 모습이 내게는 크게 다가왔다.

어린 나무의 가르침

결국 나는 이 두 어린 나무에 매료되어 데려오기로 했다. 자연 그대로 남겨두어야 좋겠지만, '화이부동' 이라는 나름의 의미를 갖고 애정으로 키워보려 볕 잘 드는 저수지 옆 밭으로 옮겨와 심었다. 이것도 사람의 소유욕이라 할 수 있겠지만, 나무를 사랑하는 마음으로 보살피고 가꾸어 단순한 물욕의 의미를 넘어서고자 한다.

옮겨 심은 자리 너머로는 수십 년 전에 자생한 팽나무가 우뚝 서서 동쪽의 떠오르는 해를 바라보며 서쪽의 노을 지는 풍경까지 고스란히 담아내며 커가고 있다. 그 옆으로는 마가목이 잎을 펼쳐 햇살을 가득 담고 있고, 칠엽수와 함께 얼마 전에 심은 호두나무, 대추나무도 이파리를 피워 올리기 위해 안간힘을 쓰고 있는 듯하다.

어린 두 나무도 옮겨온 새 환경에서 여러 나무들과 어울려 무럭무럭 커가며 고유의 모양과 색과 꽃과 열매를 달고 새와 벌을 불러들이기를 바래본다. 그 아름다움과 이로움으로 소신의 생을 튼튼하게 이어가기를 소망해본다.

어린 나무가 가르쳐준다. 화합하되 소신 있게 살아가라고.....,

역설逆說 : 굽어진 숭고미崇高美

보고 싶은 것만 보고, 듣고 싶은 것만 듣는 세상
굽은 한 그루의 플라타너스가 전해주는 상생의 의미
어느덧 파아란 하늘의 꿈, 어느 날 창이 열린 영혼의 안식처

확증편향 속에 만나는 나무 한 그루

　요사이 버릇이 하나 생겼다. 나무를 주제로 글을 이어가면서 어디서나 나무만 쳐다보게 된다. 길을 걸을 때나 운전을 하며 신호 대기 중에도 가로수를 쳐다보며 나무 모양과 색깔, 잎사귀 하나하나마다 훑어보게 된 하나의 습관이다.

　어쩌면, 보고 싶은 것만 보고, 듣고 싶은 것만 듣는 확증편향(確證偏向/Confirmation bias) 심리의 하나이겠지만, 나는 나의 이 행위를 세상을 다양하게 바라보기 위해 어떤 생명체 하나에도 눈길하고, 마음을 쓰는 것이라 아전인수我田引水의 해석을 덧붙여본다.

　이럴 즈음, 독특한 수형의 한 나무가 눈에 들어온다. 굽은 나무가 묵은 열매를 대롱대롱 달고 넓은 잎사귀를 펼치며 자리하고 있다. 공단로를 등지고 있는 공원 산책로에 서있는 플라타너스이다. 몇 해 전, 한 소

공원 산책로에서 만난 굽은 플라타너스

▎소류지에서 만났던 플라타너스의 위풍당당함

류지에서 만났던 플라타너스의 위풍당당함과는 다른 느낌을 받으며 왜 굽은 형태를 하고 있는지 추측해보게 된다.

산책로에는 느티나무, 소나무, 메타세쿼이아가 곧고 길쭉하게 솟아있는 반면, 곧게 자라는 특성을 가진 플라타너스는 옆으로 굽은 채 하늘을 향해 가지를 뻗고 있는 모습이 예사롭지 않게 느껴졌다.

30여 년 전에 아파트를 짓고, 조경을 할 때 느티나무, 소나무를 먼저 심고, 뒤에 심은 플라타너스가 텃세에 밀려서일까?, Platanus라는 이름 (그리스어의 Platys/잎이 넓은 나무)처럼 넓은 아량으로 다른 나무들을 해치지 않으려 자신이 옆으로 비켜 자라났기 때문일까?

방울나무 플라타너스

문득, 고등학교 시절의 국어 시간을 떠올리게 된다.

"꿈을 아느냐 네게 물으면 / 플라타너스 / 너의 머리는 어느덧 파아란 하늘에 젖어있다." 로 시작되는 김현승 시인의 시 〈플라타너스〉다.

시험에도 많이 출제된 것으로 기억한다. 플라타너스를 의인화하고, 다양한 색채어를 통해 화자의 감정을 잘 드러내고 있는 시라고 배웠었다. 당시 우리는 시험을 위해 시를 배우고, 외웠지만, 인생의 숱한 시행착오를 되풀이해온 지금에서 돌이켜보면 문학의 의미를 넘어 나무라는 생물적 존재가 더 구체적 현상으로 다가오는 것 같다.

'어느덧' 이라는 시어가 유독 눈에 띈다. 본래부터가 아니라 '파아란 하늘' 을 동경하며 굽었어도 하늘을 향해 가지 뻗치기 위해 노력을 하는 모습은 꿈을 지닌 존재로 성장해가고 있는 플라타너스의 이상세계를 더 돋보이게 하는 부사副詞라 생각된다.

"수고로운 우리의 길이 다하는 어느 날 / 플라타너스 / 너를 맞아 줄 검은 흙이 먼 곳에 따로이 있느냐? / 나는 오직 너를 지켜 네 이웃이 되고 싶을 뿐 / 그곳은 아름다운 별과 나의 사랑하는 창이 열린 길이다."

마지막 연에서는 언젠가는 검은 흙으로 돌아갈 모든 존재의 동질성을 이야기하고, 상생으로 숭고의 삶을 이어가는 플라타너스를 예찬하고 있다. '어느 날' 이라는 시어 또한 안식安息의 의미로 크게 다가온다.

플라타너스 잎자루의 흰색 털은 미세먼지와 오염물질을 잘 흡착하고, 큰 잎은 여름철 그늘을 제공해주며 도시의 열섬현상을 완화시키는 효과가 탁월하다 한다. 열악한 환경에서도 잘 자라며 이산화탄소를 머금고 산소와 수분을 공급하는 효과가 큰데, 우리나라에서는 나무껍질이 비늘

❙ 플라타너스 수피

❙ 플라타너스 열매

❙ 플라타너스 잎

처럼 떨어지고, 얼굴에 버즘('버짐'의 옛말)난 것 같다 해서 버즘나무라 한단다.

둥근 열매가 방울을 닮았다고 방울나무라고도 한다는데, 왜 여러 장점을 놔두고 안 좋은 부분을 부각시켜 버즘나무라 할까? 생명력 강한 나무라 가지치기 비용이 많이 들고, 천근성(淺根性/뿌리가 수평으로 지표 가까이에 넓고 얕게 분포하는 성질)으로 태풍에 약하다고 베어내 버린 걸까?

한때는 가로수로 사랑받아왔는데 2000년대 이후로 지방자치가 탄력을 받으면서, 보기에 좋고 지자체장의 치적을 잘 드러내는 나무들로 대체된 경우라 사료된다. 사람 중심의 이기적인 발상이 아닐 수 없다.

왜곡 너머의 숭고미 崇高美

굽었어도 하늘을 향해 가지를 뻗어가고자 하는 한 그루의 플라타너스를 바라보며 왜곡(歪曲/distortion)이라는 용어를 떠올리게 된다.

왜곡이란 어휘는 전달자나 수신자의 능력, 의도하는 바, 가치관의 차이 때문에 전달자의 원래 뜻이 제대로 전해지지 않고 사실과 다르게, 혹은 그릇되게 전달되는 상호소통의 방해요소를 말한다.

'기울다' 라는 의미의 '왜歪' 라는 한자를 풀어서 보면 '바르지(正) 않다(不)'이다. 이 바르지 않음에 다시 '굽다' 라는 의미의 '곡曲' 이 더해지면서 부정의 강도가 더해지게 되는데, 요즘의 '왜곡歪曲' 은 혼돈의 세상사를 더욱 혼란스럽게 하고 있지 않나 생각해본다.

넘쳐나는 많은 뉴스를 접하며 과연 본질은 무엇일까, 진실은 무엇일까를 곱씹으며 보게 된다. 허투루 보면서 그것이 전부인 냥 믿고 있다가는 바보가 될 수도, 거짓말쟁이가 될 수도, 심지어는 누군가에게 적이 될 수도 있기에 촉각을 곤두세워야 하는 현실이 참으로 불편하다. 그 불편함의 기저에는 자기방어 본능이 작용하고, 오히려 공격태세를 갖추기까지 하는 모습도 보게 된다. 그것도 자신이 보고 싶은 것, 듣고 싶은 것만을 취하면서 말이다.

얼마 전, 소속된 한 단체에서 워크숍을 다녀오며 왜곡에 대한 한 사례를 체험했다. 제시어에 대한 설명을 처음 사람으로부터 이어받아 마지막 사람에 이르는 동안 각자의 생각이 보태어지거나 덜어내어지며 전혀 다른 대답으로 이어졌다. 이 제시어와 마지막 대답이 좋은 의미의 이야기라 다행이지만, 나쁜 의미로 이어졌다면 어떠했을까?

세상 사람들은 좋은 현상, 좋은 말하기보다는 나쁜 현상, 나쁜 말하기에 더 익숙해져있다. '왜곡'이 보편화되어 버린 세상사에 굽은 한 그루의 플라타너스는 오히려 그 모습만으로도 영혼의 안식처가 되어 준다.

나는 굽어졌어도 하늘을 향해 올곧게 커가려는 플라타너스의 고결한 생에 숭고한 아름다움을 느끼고, 왜곡 너머의 본질을 제대로 응시하고자 한다. 누군가를 굽어 바라보지 않으련다. 누군가에게 굽어 바라보이지 않게 하련다.

역사가 새겨진 나무

모란이 피고 지듯 삶 자체도 순환의 과정

가족사와 함께 한 모란의 경이로운 생

삶을 기억하고, 기록하는 역사가 새겨진 나무

모란, 예술세계와 조우하다

해마다 봄이 되면 생각나는 시와 노래들이 있다.

조선 르네상스 시기의 가인歌人 김수장(1690~?)이 모란이 꽃 중의 으뜸이라며 노래한 〈모란牧丹은 화중왕花中王이요〉라고 시작하는 시조이다.

또 "모란이 피기까지는 나는 아직 나의 봄을 기다리고 있을테요"로 시작해서 "나는 아직 기다리고 있을테요. 찬란한 슬픔의 봄을"이라며 끝나는 김영랑(金永郎/1903~1950) 시인의 〈모란이 피기까지는〉이라는 시가 그러하다.

꽃이라는 대상에 자신의 감정을 이입하여 다양한 언어로 표현해 낸 걸작들이다. 특히, 김영랑 시인은 '모란'이라는 꽃으로 상징되는 미적 대상과의 만남을 위해 '삼백예순날'이라며 자신의 생을 바치겠다는 삶의 태도를 서정적인 시어를 통해 잘 보여주고 있다.

모란이 피기까지 기다리며 소망과 기쁨, 모란이 지기 때문에 소멸과 좌절, '찬란한 슬픔의 봄'이라는 역설적 표현으로 다시 소망을 이야기하며 삶, 그 자체가 순환의 과정임을 노래하고 있는 것이다.

이 무렵, 또 마음을 적시는 노래가 있다. 〈모란동백〉이다.

대부분 조영남 가수의 노래로 알고 있지만, 문인이자 화가, 가수 등 전방위 예술가로 활동한 이제하(1937~) 선생의 시이자 노래로, 원 제목은 〈김영랑, 조두남, 모란, 동백〉이다.

이제하 선생은 김영랑 시인의 시를 좋아했고, 가곡 〈선구자〉를 작곡한 조두남(1912~1984) 작곡가의 〈또 한 송이의 나의 모란〉이란 노래를 듣다가 시를 지었고, 1998년 노래 모음집 [빈 들판]을 내면서 노래로 세상에 드러낸 것이라 한다.

"모란은 벌써 지고 없는데 / 먼 산에 뻐꾸기 울면 / 상냥한 얼굴 모란 아가씨 / 꿈속에 찾아오네 / 세상은 바람 불고 고달파라 / 나 어느 변방에 / 떠돌다 떠돌다 어느 나무 그늘에 / 고요히 고요히 잠든다 해도 / 또 한 번 모란이 필 때까지 / 나를 잊지 말아요."

잔잔한 멜로디와 노랫말에 숙연해지며 어느새 내가 이런 나이가 되었는지 쓸쓸함마저 느껴진다. 심취해 따라 부르니 "'나를 잊지 말아요' 란 가사가 마음에 와 닿아요."라며 딸이 감상을 이야기해온다. 호소 짙은 노랫말이 어린 아이에게도 느껴지는가 보다.

새로운 역사를 새겨가고 있는 모란

옛 사진을 통해 기억을 더듬어 본다.

1986년의 어느 봄날, 형과 등교하려는 아침에 아버지께서 활짝 핀 모란 앞에서 찍어 준 사진이다. 그날 아버지는 새로 지을 축사畜舍 터를 찍기 위해 카메라에 새 필름을 갈아 끼우는 중에 시험 삼아 촬영도 할 겸 만발한 모란 앞에서 두 아들 모습을 담아주셨다. 젊은 날의 아버지, 형과 즐거웠던 유년시절의 한 때를 모란이 함께 하고 있었다.

1988년의 어느 봄날, 할아버지께서 돌아가시기 한 달 전 이었다. 암수술을 하고 서 있기도 벅찬데, 지팡이 짚고 할머니와 손을 꼭 잡고 꼿꼿

| 1986년 형과 함께 모란 앞에서

| 1988년 할아버지, 할머니의 마지막과 함께 한 모란

이 서 계시는 모습 뒤로 만발한 모란이 자리하고 있다. 세상에 남긴 할아버지의 마지막 모습에도 모란은 함께 있었다.

이 모란은 어머니 시집오고 나서, 할머니께서 이웃에서 얻어온 새끼를 심은 것으로 50년의 세월을 이어온 나무이다. 겨울에는 흑갈색의 앙상한 가지로 있다가도 봄 되면 어김없이 붉게 큰 꽃을 피워 벌과 나비를 불러들이고, 향기는 코끝을 자극하여 계절이 봄의 절정임을 알려주는 존재였다.

두 장의 옛 사진으로부터 나는 다시 나의 아이 둘을 모란 앞에 세워두고 역사를 기록해본다. 아이들의 증조할머니로부터 시작된 모란은 또 세월을 품고 우리들의 삶과 함께 할 것임을 알기에 붉게 핀 모란은 그냥 하나의 꽃나무가 아니라 역사의 기록으로 다가오는 나무이다.

▎ 2023년 4월 모란 앞에서 아이들을 기록하다

이 모란으로부터 새끼가 자라서 대문 오른편에도, 장독대 앞에서도 봄을 수놓고 있는데, 지난해에는 어머니께서 이 모란의 씨를 받아 연구소에 심어주셨다. 올해 싹을 틔우고, 어린잎을 펼쳐가기 위해 햇빛을 받아들이고 있는 모습이 경이롭기까지 하다. 그렇게, 또 새로운 역사를 새겨가고 있는 모란이다.

2022년 씨를 심어 2023년 태어난 모란

모란 봉오리

삶을 기억하고, 기록하는 나무

부귀의 상징으로 표현되는 모란은 한자음이 목단牧丹이다.

역사의 일화에도 등장하는 모란은 선덕여왕의 공주 시절, 당나라에서 보내온 모란 그림에 벌과 나비가 없는 것을 보고 "향기가 없지 않겠느냐?" 추측했다는데, 함께 보내져온 씨를 심었더니 향기 없는 꽃이었다는 삼국유사 속의 일화가 있다.

하지만, 실제로 꽃에서는 찐한 봄의 향기를 느낄 수가 있다. 부귀의 상징이라 하듯, 벌과 나비가 아침부터 분주히 모여드는 화중왕花中王이다.

고려에서도 모란은 미인을 상징하고, 부귀영화를 염원하는 꽃으로 상류사회를 중심으로 사랑받았다 하며, 조선시대에도 민화, 병풍, 혼례복에 빠짐없이 모란이 표현되며 일반 백성들 사이에서도 널리 사랑받는 꽃으로 이어져왔다 한다.

이런 모란은 아름다움 뿐 아니라 여성의 여러 질병을 치료하는 약재로도 널리 쓰여졌으며 뿌리의 껍질은 소염, 진통효과가 있어 한약재로도 쓰이고 있다 한다.

동백꽃이 다 떨어지고, 모란이 봄을 수놓다가 이어 작약이 꽃을 피우려니 모란은 또 제 갈 길을 알고, 다음 봄을 기약하는 듯하다.

9년 전 겨울, 뱃속에 아들 지안이를 넣고, 딸 지아와 함께 강진 여행을 떠났었다. 김영랑 생가 앞에서 봄을 기다리는 모란과 함께 찍은 건강했던 아내의 사진이 내 눈시울을 붉게 만든다.

부귀영화를 상징하는 모란이지만, 내게 있어서는 삶을 기억하고, 기록하게 해 주는 역사가 새겨진 나무이다.

"나는 아직 나의 봄을 기다리고 있을테요."

▎꽃 떨어지고 남은 씨방

신록新綠 : 격물궁리이자, 교감하는 때

'어떻게' 와 '왜' 라는 물음을 통해 해법을 찾아가는 과정
감각기관을 열어젖혀 때를 읽고, 생각하는 시간을 주는 나무
신록의 세계가 나의 마음속에서 우리의 마음속에서 새롭게 발현

때, 세상을 바라보는 기준

연구소를 개소하고 10년간은 아이들과 여러 활동을 했었다.

항상 활동을 시작하기 전에는 놀 때, 쉴 때, 먹을 때, 일할 때, 공부할 때 등의 '때'에 대해서 강조하며, 그 '때'를 잘 구분 짓기 위해 활동 중에는 핸드폰 사용을 금하도록 하였다.

'때'를 잘 구분 짓지 못함에서 감각기관의 정상적인 작동과 성장에 문제점이 더 생긴다고 생각하였고, 이는 아이들만이 아니라 어른 세계에서도 '때'의 모호함으로 야기되는 사건, 사고가 많다고 생각해왔다. 기계로 인해 생각할 때를 놓치기 때문이라고 봤다.

세월이 지나 이제는 나의 아이들에게도 기계로부터 빼앗긴 여러 감각기관들의 능력과 생각의 기회를 되찾아주고자 '때'를 이야기하며 잔소리가 늘어간다. 굳이 '때'를 구분지어 경험을 이야기하는 것은 세상을

바라보는 기준을 다르게 하고자 하는 내 선험先驗으로부터 기인한다.

　하루가 달리 급변해가는 환경의 변화는 새로운 삶의 이유와 존재의 이유를 계속해서 빨리 물어오고 있다. 이에 '어떻게'라는 방법도 중요하지만, '왜'란 물음이 더욱 절실하게 요구되어지는 지난至難한 삶이기도 하다.

　근본적으로 '어떻게'와 '왜'란 단어는 '물음'으로, 삶에 내재된 '모름'이란 것에 '물음'을 통해 해법을 찾아가는 과정이다.

　'어떻게'는 무엇이 있는 존재의 상태나 정황을 나타내는 것인데, 나

| 신록의 터널, 벚꽃 진 자리에 버찌가 알알이 맺혀가고 있다

무로 비유하자면 가지와 잎, 꽃, 열매와 같이 다양한 의식을 담고 있는 것으로 선택적 기술이자 방법인 반면, '왜'는 무엇이 있는 까닭을 묻는 것으로 나무의 뿌리같이 존재의 근거이자 조건이며, 그렇게 되어야 하는 까닭이라 하겠다.

신록의 계절에 하루가 달리 짙은 초록으로 변해가는 나무를 바라보며 급변해가는 세상 속에 '왜, 어떻게 살아가야 하는가?'를 되짚어보는 사유의 시간과 함께 교감의 시간을 갖는다.

격물궁리格物窮理의 공부

주말마다 숲을 찾아 아이들 스스로가 신체감각기관을 열어 자연을 만끽하도록 여러 상황을 유도해보았다.

기계문명에 빼앗긴 우리의 감각기관과 감성은 두 눈이 있어도 제대로 안 보이고, 두 귀가 있어도 제대로 안 들리고, 두 코가 있어도 제대로 안 맡아지고, 두 팔과 두 다리가 있어도 제대로 활용을 못하며 못 느끼는 경우가 많다. 신록의 나무를 통해 이 감각기관들을 활짝 열어젖혀 때를 읽어 들이는 기회, 생각하는 시간을 가졌다.

좀 더 격 있게 이야기 한다면, 격물궁리格物窮理의 공부라 하겠다.

'격물'은 사물(현상)의 이치를 탐구하여 앎(삶)의 기준을 세우고, 생각하는 힘을 길러준다. 그리고 생각하는 힘은 사물(현상)을 제대로 바라보며 변화 속에 내재되어 있는 이치를 탐구하며 감응하는 것이다.

아이들은 재잘거리며 웃고 떠들다가도 손짓을 하는 곳을 바라보며 눈과 귀를 열고, 코를 열어 신록을 받아들인다.

이때의 신록은 우리의 신체 뿐 아니라 마음까지 열어젖히게 한다. 앙

신록과 교감하는 아이들 (참나무 아래 하트를 만드는 아이들)

층층나무 꽃향기를 맡으며 신록과 교감하고 있는 지아

상한 가지를 뚫고 움을 틔우며 나온 여리고 보드라운 잎들은 그 자체로 경이롭다. 초록으로 더 짙어지기 전의 이 싱그럽고 연한 초록의 색깔들이 너무 좋다.

아이들도 더 커지기 전의 이때가 좋다. 붙잡아 둘 수만 있다면 이때 이 아이들의 맑은 감성으로 세상을 살아가게 하고 싶지만, 거스를 수 없는 세상의 진리 앞에 붙잡을 수 없는 이때를 마음껏 호흡하며 느끼게 하고 싶다.

이 여리고 보드라운 신록이 지나면 잎이 무성해지도록 열심히 살아가야 하는 한여름의 뜨거움이, 그리고 가을이 되면 초록을 뒤로 하고 단풍 물들어 결실을 이뤄내야 하고, 또 잎 떨어뜨리고 모진 세파를 이겨내야 하는 겨울도 있다.

그래서 때에 맞춰 돌아오는 봄의 신록은 더 아름답고 찬란하다. 되돌릴 수 없는 이때의 여리고 맑은 아이들도 더 사랑스럽다. 지금 내가 아이들과 할 수 있는 최선의 교감을 신록의 나무가 제공해주고 있다.

현상과 하나 되어 새롭게 발현

때는 24절기의 입하立夏와 소만小滿이 신록을 재촉하는 5월이다.

우거진 나무그늘과 싱그러운 풀이 꽃보다 낫다는 '녹음방초승화시綠陰芳草勝花時'의 때이지만, 초록으로 짙어가는 이때의 나무에 매달린 꽃들은 유난히 하얗게 '녹의백상綠衣白裳'의 아름다움을 연출한다.

입하立夏 무렵에 꽃을 피우는 입하나무(이팝나무)는 흰 쌀밥을 수북이 담아놓은 것 같다 하지만, 내 눈에는 작렬하는 하얀 불꽃처럼 보인다. 층층나무는 층을 이룬 가지마다 소복이 내려앉은 흰 꽃이 한복을 곱게 차려

입고 다소곳이 앉아 있는 여인의 모습이며, 은은한 향기가 온 산천을 휘감는 아까시(아카시아 속)꽃은 하얀 복주머니를 주렁주렁 단 듯, 하얀 버선을 대롱대롱 매달아놓은 듯하다.

엇갈린 나뭇가지처럼 뻗어, 속에는 연노랑 꿀을 가득 머금은 듯 한 칠엽수 꽃, 희고 둥근 꽃 모양이 부처님 머리 모양을 닮았다 하는 불두화는 멀리서보면 하얀 솜뭉치를 대롱대롱 매달고 있는 듯하다.

노란 씨방 속에서 암술과 수술이 분수처럼 피어올라 대지를 향해 솟아있는 산사나무의 꽃과 마가목의 꽃은 멀리서보면 하얀 뭉게구름이 몽글몽글 초록 위를 유유히 떠다니는 듯 정겹다.

신록의 나무와 교감하며 "아빠, 초록 하늘에 하얀 뭉게구름 같아요."라는 어린 아들의 표현 또한 참으로 사랑스럽다.

세상을 바라보는 기준을 달리 하고 싶다. 세속적인 개념 속에서 현상을 인식하지 않고, 현상과 하나 되어 신록의 세계가 나의 마음속에서, 우리의 마음속에서 새롭게 발현되어지기를 바래본다.

신록은 격물궁리이자 교감하는 때이다.

│ 시를 쓰며 신록과 교감하는 아이들

이팝나무 꽃	층층나무 꽃
불두화	산사나무 꽃
아까시 꽃	마가목 꽃

담기 위해 비우는 오동나무

연보라 종을 흔들며 나지막하게 부르는 오동의 소리
삶 구석구석에서 요긴하게 쓰이며 생사生死를 함께 하며
무엇을 담기 위해 처음부터 비어 있는 그릇과 같은 고상함

추억의 나무

"할아버지!, 할아버지!" 형과 함께 도시락을 들고 골짜기 떠나가도록 할아버지를 부른다. 산에서 논, 밭 개간 일 하시느라 땀 흘리던 할아버지는 손자들의 소리에 가파른 내리막길을 절룩절룩 내려와서는 나무그늘 밑 바위 위에 자리를 펴고 손자 둘을 무릎 위에 올려놓는다. 그리고는 고된 노동에 힘들었을 본인은 뒤로 한 채 큰 손자 한 숟가락, 작은 손자 한 숟가락 번갈아가며 밥을 떠먹여주신다.

먼 오르막길을 도시락 들고 땀 흘리며 올라와 자신을 불러준 손자들에 대한 할아버지의 화답이자 사랑이었다. 그 장면에 함께 등장하는 건 보라색 종 모양의 꽃을 피우며 부채만 한 초록 잎사귀를 하늘거리고 있는 키 큰 두 그루의 오동나무이다.

때는 1980년대 초, 초등학교 들어가기 전인데, 이 이야기에 등장하는

▎은은한 보라색 종 모양의 오동 꽃과 원추형 방울 모양의 묵은 씨앗

 장소는 천성산 아래 홍룡폭포 올라가는 언덕길 왼쪽 편으로 길쭉하게 뻗은 진등산 아래의 무지개골이다. 그곳엔 지금도 10미터 넘는 키 큰 오동나무 두 그루가 있는데 몇 해 전 공사를 하며 포클레인 기사들이 가지를 마구 훼손해버려 예전의 멋진 자태를 잃어 안타깝다.
 한 평생 산과 들에서 일 하시던 할아버지의 모습과 함께 소중한 추억을 안겨준 오동나무를 소환하게 된 데는 이유가 있다.
 학원을 마치는 딸을 기다리다 문득, 어떤 소리가 들리는 듯 하여 고개를 돌려보니 은은한 보라색 종 모양의 꽃을 가득 매달고 있는 키 큰 오동나무가 눈에 들어왔다. 묵은 씨앗은 마치 원추형 방울을 주렁주렁 매달아놓은 듯 하다. 건물에 가리어 찬란한 자태를 사람들에게 선보이지 못하고 있는 오동나무가 바람에 연보라 종을 흔들며 나지막하게 나를 부르는 소리로 다가왔기 때문이다.

외유내강外柔內剛의 오동나무

오동나무의 본래 이름은 머귀나무인데 중국식 표현인 오동梧桐이 보편화된 것이라 한다. 조선 중종 때 어문학자 최세진(崔世珍 1468~1542)이 한자에 훈민정음으로 뜻과 음을 달아 지은 어린이용 한자 학습서 [훈몽자회訓蒙字會]를 통해 '오동'이라는 이름이 처음 통용되게 되었다 한다.

우리나라 울릉도가 원산지라 하는데, 1970년대 참나무, 잣나무, 낙엽송, 편백, 포플러와 함께 6대 경제수종으로 전국적으로 많이 심어진 나무라 하지만 요사이는 보기가 드물다.

청소년 시절, 국어시간에 배웠던 여러 시에도 오동나무는 자주 등장했지만 그냥 읽고, 시험으로서만 대했던 것으로 기억된다. (한용운 시인의 〈알 수 없어요〉 - "고요히 떨어지는 오동잎은 누구의 발자취입니까" / 조지훈 시인의 〈승무〉 - "빈 대에 황촉불이 말 없이 녹는 밤에 오동잎 잎새마다 달이 지는데")

오동은 예로부터 가구재로 즐겨 쓰던 나무 중의 하나이기도 했다.

손톱으로도 긁힐 정도로 표면은 약하지만 가벼우면서 강도가 있고, 습기에 강하면서 뒤틀림도 적고 해충의 피해도 없어 장롱, 문갑 등의 판재나 각종 수납가구의 서랍재로 많이 이용되었다. 아이가 태어나고 태를 보관하는 함(태실)을 만들기도 했고, 잘 썩지 않는 성질이라 사람이 죽은 후 관을 만드는데도 많이 쓰인다 한다.

가구디자인을 전공했던 대학시절, 가구 작품을 만들 때 서랍의 내장재를 오동으로 쓰면서 그 물성을 익히 경험했었다. 허리를 다쳐 수술을 하고도 끊임없이 작업을 했던 나의 열정에 병원장님께서 개인전을 열어주셨는데, 그 감사함으로 병원에 기증했던 작품이 오동나무로 만든 벤치였다. 20년이 넘은 세월에도 그 당시 따뜻한 인술을 펼쳐주신 병원장님과 부드러운 오동나무 감촉을 나는 기억하고 있다.

나의 창작세계 '공간空間' 시리즈의 마지막 작품이었던 의걸이장에서

| 2008년 낙동기법으로 측면을 마감처리 한 작품 (의걸이장)

는 측면의 판재를 오동나무로 사용하며, 그 표면을 태우고 긁어내어 자연스런 목리木理를 더 부각되게 하는 낙동법烙桐法이란 기법으로 표현하면서 외유내강外柔內剛 오동나무 특성을 충분히 알 수 있는 기회였다.

이외에도 오동나무는 여러 장점이 많아 가구재는 물론 가야금, 거문고, 비파, 장구 같은 전통악기를 만드는데도 사용되었다.

가구 서랍재가 무겁거나 뒤틀리면 그 본연의 역할을 못하듯, 악기 역시 무겁거나 틀어지는 성질의 나무라면 악기의 역할을 할 수 없는데, 오동나무는 빨리 성장하는 특성으로 무른 반면에 목재 조직 내에 공기층이 많아 소리 전달이 잘되고 울림이 좋다. 조직이 촘촘한 서양의 가문비나무는 높은 음역대에서 잘 반응하여 바이올린의 음색과 탄성에 적합하다면 우리나라의 가야금과 거문고는 나지막하며 부드러운 울림을 주는 오동나무가 최적이라 하겠다.

오동 꽃

오동 잎

고상한 오동나무의 생生과 사死

오동나무는 마치 무엇을 담기 위해 처음부터 비어있는 그릇과 같다.

그런 오동나무가 더 고상高尚하게 느껴지는 이유는 오고 가는 세월을 담기 때문이며, 부드러운 인상을 주면서도 뒤틀리지 않는 강함 때문이기도 하고, 속을 비워 소리를 잘 담고 또 잘 전달하기 때문이다. 무엇보다 우리의 삶 구석구석에서 요긴하게 쓰이면서 사람이 태어날 때부터 운명을 다할 때까지 생사生死를 함께 하기 때문이겠다.

또 어디에 오동나무가 있을까?, 다니는 곳곳마다 눈을 크게 뜨고 귀 기울여 보았다. 대로를 달리다 차창 너머로 한 그루 스쳐 지나왔던 아쉬운 마음이 들 무렵, 전혀 다른 금정산 아래 법천사 방향으로 차를 몰았다. 그곳에 가면 있을 것만 같았다.

아니나 다를까, 연보라 꽃을 매달고 있는 오동이 나를 반기고 있었다. 달리 말하면 오동이 내는 은은한 소리의 이끌림에 이곳까지 나는 왔을 것이다.

약사전藥師殿 올라가는 비탈진 곳에서 암석 틈으로 솟아나고 있는 어린 오동까지 만나는 행운을 얻었다. 소리를 듣고 달려간 나에게 오동은 기꺼이 자신의 새끼까지 덤으로 보여주는 것이리라. 그렇게 나는 일촌광음(一寸光陰/짧은 시간) 오동과 교감하고 있었다.

찬란했던 한 시절이 지나간다. 조금 더 삶의 소리에 귀 기울였더라면 하는 아쉬움이 슬픔으로 밀려드는 봄날이다. 연보라 오동 꽃이 뚝뚝 떨어져버린다.

미각지당춘초몽未覺池塘春草夢, 연못가 봄날의 화사한 꿈이 깨기도 전에...,

소신과 공생의 대竹

삶의 방식이 다른 대나무의 존재
비어있으면서 많은 기억을 담고 있는 저장소
곧고 푸름, 비움과 연결로서 소신과 공생의 정체성

대竹는 나무일까? 풀일까?

비 멎고 죽순이 쑥쑥 자랄 것 같아 연구소 뒤의 대나무 숲으로 향했다.

'우후죽순雨後竹筍'이란 말처럼 비온 뒤 여기저기서 죽순이 앞 다투어 하늘을 향해 키를 올려가고 있다. 며칠 사이, 다시 가 보니, 막 땅을 뚫고 올라 왔던 죽순이 내 키 보다 더 높이 자라있다.

한자로 '竹'을 쓰는 대나무는 죽마고우竹馬故友, 파죽지세破竹之勢, 죽림고사竹林高士 등 사람의 삶과 관련한 한자성어들이 많은데, 이런 용어 말고도 '신이 내린 선물'이란 말이 있을 정도로 활용도가 많은 식물이다. 예로부터 건축, 무기, 식기, 악기, 장신구 등 의식주 속에서 다양하게 쓰이면서 발달된 문화(문명)를 이끌어왔다.

이 '대竹'는 나무일까?, 풀일까?

고산孤山 (윤선도 1587~1671) 선생은 〈오우가五友歌〉에서 물, 바위, 소나무,

｜남쪽에서 바라본 '문화교육연구소田' 뒤의 대나무 숲

달과 함께 "나무도 아닌 것이 풀도 아닌 것이 / 곧기는 누가 시켰으며 속은 어찌 비었는가 / 저렇게 사철에 푸르니 그를 좋아하노라" 하며 대나무의 곧고 푸름에서 절개와 겸허함을 예찬하였다. 고산 선생이 그 정체에 의문을 가졌듯, 실제로는 나무가 아니란다.

우리나라 말에 나무라는 낱말이 붙어 나무로 착각하기 쉽지만, 실제로는 볏과에 속하는 풀의 일종이란다. 나무로 분류되려면 풀과 구분하는 기준이 되는 리그닌(lignin)이라는 단단한 부분(목질부)이 있거나 형성층이 있어 부피생장을 해야 하는데, 대는 계절의 차이에 의해 옆으로 성장하면서 생기는 나이테가 없이 위로 마디를 두며 성장하는 구조이다.

나이테가 있는 나무는 안에서 썩지만, 비어있는 대처럼 나이테가 없

땅을 뚫고 올라오는 죽순

껍질을 벗고 줄기를 드러낸 대나무

도쿄에서 죽림(竹林)의 황홀경

는 풀은 밖에서부터 썩는다. 명확히 정체를 나누기 보다는 삶의 방식이 다름으로 이해를 해 보면 어떨까 싶다.

대나무는 기억의 저장소

대나무와 관련하여 유독 기억에 남는 장면들이 있다.

시간을 거슬러 일본 유학시절로 돌아가 보면, 빌딩숲만 있고 산이 없는 도쿄의 생활환경은 천성산 아래에서 나고 자란 나를 답답하게 했었다. 그러던 중, 취재(디자인잡지 해외리포터)로 갔던 도쿄 외곽의 아키루노(あ

きる野)는 도심과는 사뭇 다른 분위기였다. 맑은 햇살 아래 완행열차를 타고 차창 밖으로 펼쳐지는 녹음의 싱그러움과 바람을 맞으며 초록으로 물든 대나무 숲은 황홀경恍惚境이었다.

섬유디자이너의 공방이 있는 대나무 숲으로 들어섰을 때의 감흥은 지금도 잊히지 않는다. 200여 년 전의 양잠농가 주택을 개조해서 공방과 쇼룸으로 사용하던 작가의 모습도, 인도의 탓사(Tassar/야생누에)실크로 작업하는 모습도 대나무 숲과 조화를 이루며 도쿄 속에서 만나는 이색적인 풍경으로 기억에 남아 있다.

아이들이 어렸을 때는 자주 여행을 다녔는데, 담양과 거제에서의 여행은 유독 대나무와 함께 하며 아련한 추억으로 자리한다. 여행을 다녀온 뒤, 대나무를 베어 실로폰을 만들어줬던 기억, 그리고 예전 연구소의 활동 중에는 아이들과 대통밥을 해먹는다든가, 긴 대나무를 반으로 쪼개어 미끄럼틀 국수 놀이를 했었다. 자연재를 잘 활용하여 창의적 프로그램을 진행했던 교육활동들로 기억에 자리한다.

몇 해 전, 취재로 갔던 원동의 어영魚泳마을에서 천태산 아래로 펼쳐진 대나무 숲의 눈부신 풍경 또한 잊지 않는다.

"소쿠리 만드는 대나무(竹)천 냥, 종이 만드는 닥나무(楮)천 냥, 배나무(梨)천 냥이라고 세 가지 나무가 많아 딴 동네보다는 형편이 나았지.", "예전에는 대소쿠리에 보리밥 넣어 매달아놓고, 일하다 돌아오면 찬물에 말아 먹었지."하시며 젊은 사람의 말 걸음이 반가웠는지 대나무에 얽힌 옛 삶을 차근차근 들려주시던 한 어르신의 모습도 뇌리에 꼭꼭 저장되어 있다.

어린 시절 친구들과 대나무 꺾어 칼싸움하고, 화살 만들며 놀았던 마을 북쪽의 뒷삐알(비탈)로 발걸음 해보았다. 그때는 큰 대숲이라 생각했는데, 가늘고 여린 이대(왕죽, 참죽, 오죽, 맹종죽, 조릿대처럼 대나무의 한 종)가 작은 오솔길을 만들어 고즈넉한 풍경을 연출하며 대나무로 즐거웠던 유년시절을 회상하게 해준다.

그렇게 대나무는 비어(空)있으면서 많은 기억을 담고(色) 있다. 대나무는 기억의 저장소이다.

대나무 숲은 공생의 공간

국세청 마스코트 '세우리'와 '세누리'는 대나무와 죽순을 모티브로 한 것이란다. 군대시절 영관급 장교의 계급장이 무궁화라고 생각했었는데, 가운데 다이아몬드를 감싸고 대나무 잎 아홉 장이 돌아가며 붙어 있는 형상이란 걸 이제야 알았다.

왜 하필 대나무와 죽순, 대나무 잎을 형상화 한 것들일까? 대나무처럼 푸르고, 올곧게, 그리고 강직하게 국세행정과 국가수호의 책무를 다해야 한다는 의미를 이입한 것이라 하겠다.

이처럼 사람들은 옛 부터 '세한삼우(歲寒三友/소나무, 대나무, 매화나무)', '세한고절(歲寒孤節/한겨울 추위에도 이겨낼 높은 절개)'을 노래하며 대나무의 곧고, 푸른 외형만을 보고 존재의 의미를 상징적으로 이야기해오지는 않았나 생각해본다.

복효근(1962~) 시인은 "늘 푸르다는 것 하나로 / 내게서 대쪽 같은 선비의 풍모를 읽고 가지만 / 내 몸 가득 칸칸이 들어찬 어둠 속에 / 터질 듯 한 공허와 회의를 아는가"라며 〈어느 대나무의 고백〉을 통해 대나무의 고민을 이야기하기도 한다.

많은 사람들이 대나무의 외형에서 존재를 읽어 들일 때, 시인은 자신이 대나무가 되어 그 내면의 세계를 드러내고, 또 다양한 시각으로 세상을 바라보는 자세를 견지見地하고 있다.

대나무를 자세히 보면, 줄기 뿐 아니라 뿌리에도 마디가 있다. 뿌리로 번식을 하는 대나무는 수많은 줄기들이 다른 존재들로 보이지만 뿌리를 통해 다 연결된 구조이다. 이는 마디로 막혀있지만 트여있기도 한 대나무의 또 다른 세계를 이야기한다. 막힘과 트임의 복합구조체인 것이다.

대나무 숲을 잘 관찰해보면, 이른 아침에는 어린 새들의 소리로 시작하였다가 저녁 무렵이면 큰 새들부터 날아들기 시작하여 작은 새들 순으로 찾아드는 위계의 안식처임을 알 수 있다. 밤이 되면 대나무 숲에 서식하는 뱀, 지네, 지렁이라든가 죽순을 좋아하는 멧돼지가 나타나 대나무 부서지는 소리가 나기도 한다.

이처럼 대나무 숲은 다양한 생명들이 나름의 질서 속에서 이어지고 있는 공생의 공간인 것이다.

대나무는 나무도 아니며 풀도 아니라지만, 바람에 휘어지고 흔들려도 하늘을 향해 자신의 존재를 올곧고 푸르게 가꾸며 제 방식대로의 삶을 살아가고 있다. 그리고 자신을 비워 뭇 생명들과 더불어 살아가고 있다.

그렇게 대나무는 곧고 푸름, 막힘과 트임, 비움과 연결로서 소신과 공생의 정체성을 이야기하고 있다.

벽오동에 기대어서

삶과 죽음의 순환 속에 함께 했던 나무
늘 푸르고 곧은 벽오동처럼 밝고, 올곧게
당신이 남긴 선물과 꿈, 그와 함께 사랑으로 커 갈 표상

소이연 所以然

"네게 기대야 하는 이 순간을 용서해다오 / 용서해다오 상처 많은 영혼을"

마지막 연의 시어가 가슴팍에 꽂혀 오는 도종환 시인의 〈나무에 기대어〉란 시다.

그랬다. 나는 나의 상처를 나무에 기대었고, 나무는 말없이 버팀목이 되어 주었다. 어려울 때나 마음의 고요를 찾고 싶을 때는 더욱 나무를 찾았다. 그리고 기대었다. 그것으로도 큰 위안이 되었다. 객지를 전전하다 고향으로 돌아왔던 어느 순간부터 나무는 쓰임의 의미를 넘어서 반려의 존재로 다가오기에 충분했다.

천성산을 작업장으로 숯을 구워가며 빈농의 집을 온몸으로 일으켜 세웠던 할아버지께서는 이른 새벽부터 나무 일을 하기 위해 톱 줄질로 시

▌ 2022년 5월 벽오동나무에 기대어선 딸 지아

작하여 하루를 마감하는 저녁의 장작패기에 이르기까지 갖가지 도구들을 이용해 나무를 다루는 모습을 손수 보여주셨다.

나무를 베어내면 또 심어서 생태계를 순환시켜 나갔던 그 흔적이 지금도 남아 있다. 그 은덕으로 내가 살아있음이요, 내가 나무를 사랑하게 된 소이연(까닭)이다.

비단, 나만 그런 것이 아니라 태곳적부터 나무와 사람의 관계는 각별했다. 태어날 영혼이 세상에 나오기까지 기다리는 장소였을지도, 나무 아래에서 기도하거나 일하며, 노래하거나 춤을 추며, 또는 죽은 생명들의 영혼이 안식을 찾는 장소였을 수도 있다. 이렇듯, 나무는 탄생과 삶과 죽음의 순환 속에 함께 했던 그 자체만으로도 존재의 이유를 뭇 생명들에게 각인시켜 이어왔을 것이다.

각별한 애정으로 나무 하나 하나에 눈길을 기울이다 보면 스스로를 돌아보게 하는 성찰의 기회를 준다. 여유도 준다. 내 속에 남아 있는 순수를 잃지 않게 해주고, 각박해져가는 현실 속에 퇴색해진 사랑을 일깨워 주기도 한다. 심지어 삶의 이유를 가르쳐주기까지 한다.

성장기록의 증표

"아들을 낳으면 대들보감이 되라며 소나무를 심고, 딸을 낳으면 오동나무를 심어 시집갈 때 가구를 만들어 보낸다."는 말이 있다. 이 말은 나무의 쓰임에 치중한 이야기다.

11년 전, 딸이 태어나고 이듬해, 산에서 어린 벽오동을 데려와 연구소에 심고 '지아나무' 라 이름 붙였다. 결혼할 때 가구 만들어 줄 요량으로 심은 나무는 아니다. 봉황이 깃든다는 벽오동처럼 고귀한 사람이 되어라, 늘 푸르고 곧은 벽오동처럼 밝고, 올곧은 사람으로 성장해가라는 의미로 심은 나무이다.

그런 의미를 부여하고 나니 내내 눈길이 가고, 손길이 간다. 바람이 거세면 행여나 가지가 상하지는 않을까 노심초사하게 되고, 연구소를 찾는 아이들의 장난에 어린 나무가 다칠까 염려를 했던 지난날들이다.

꽃봉오리와 잎사귀 뒷면에 진딧물이 생기는 이맘때가 되면 사다리를 타고 올라가 약 치기를 수차례 해가며 정성을 들이고 있다. 아이 키우는 것처럼 아이 이름으로 나무를 명명하였으니 나무에도 정성이 가기 마련

인 것이다.

나무의 성장과 함께 딸의 성장도 기록되어 있다. 여리고 여린 잎사귀가 어느새 이렇게 커졌나 싶다가, 아장아장 걸음마를 떼던 딸이 훌쩍 자라 친구가 되어가는 현실에 세월을 실감하곤 한다. 그렇기에 벽오동은 나무의 의미를 넘어 성장 기록의 증표가 되어가고 있다.

벽오동과 참오동(오동나무)은 나무 이름이나 목재의 쓰임이 비슷하지만, 전혀 관계없이 다른 나무이다. 벽오동은 벽오동과의 식물이고, 참오동은 현삼과에 속하는 식물이다.

오동梧桐의 '오梧'는 일반적으로 벽오동을 의미하며, '동桐'은 참오동을 의미한단다. 벽오동은 수피(껍질)가 푸르기 때문에 청오靑梧 또는 청동목靑桐木이라 부르며 참오동은 속이 희기 때문에 백동白桐이라 부른단다. 수피도 다를뿐더러 꽃을 피우는 시기와 모양, 색깔도 전혀 다르고, 열매도 다르다.

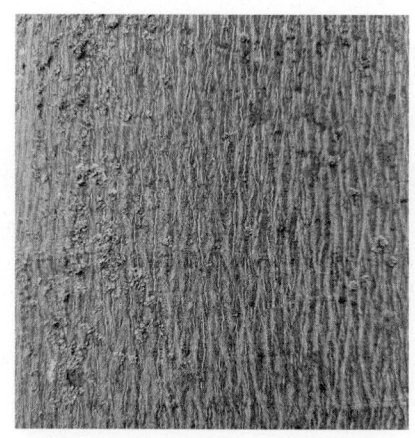
| 벽오동 수피

| 참오동 수피

벽오동 꽃(6월)   벽오동 열매(9월)

우리나라를 상징하는 대통령 문장은 가운데 무궁화를 두고 양쪽에 봉황이 벽오동 잎과 대나무 열매를 물고 있다면, 일본 정부(총리)를 상징하는 문장은 오동나무 잎 위로 꽃과 열매가 펼쳐진 형태이다. 일본 주화(동전) 500엔의 뒷면 그림 또한 오동 꽃과 잎이라는 사실을 이제야 알게 되었다. 이 역시도 각각 그 나름의 증표일테다.

사랑의 표상

벽오동이 자리하고 있는 연구소 터는 할아버지 때는 복숭아밭이었다가 아버지 때는 소, 돼지, 닭을 키우던 영농축산의 출발지였고, 내가 돌아온 뒤로는 십수 년째 지역 문화교육의 요람으로 만들겠다는 포부를 가지고 활동하고 있지만 아직은 미미하다. 그래도, 나는 이 터전을 사랑한다. 그렇기에 해마다 나무를 심고, 가꾸고 있다. 문화를 사랑하는 사람들이 찾아 들어 여러 나무들과 어울리기를 바라고 있기 때문이다.

이 터에 그동안 심고 가꾼 다양한 나무가 수십 그루를 넘어간다. 이미 성장한 나무가 아니라 씨앗에서부터 또는 어린 묘목부터 시작하였기에 웅장한 나무는 아직 없다.

나무를 심을 때마다 어느 자리에, 어떤 토양 조건에, 어떤 나무들을, 어떤 의미로 심을까를 깊이 고민하게 된다. 물을 좋아하는지, 물 빠짐이 좋아야 하는지, 일조량이 많아야 하는지, 음지를 좋아하는지, 과실이 달릴 때를 생각하여 방향을 어느 쪽으로 향하게 할 것인지, 보기에 좋도록 어떻게 배열해서 심을 것인지 등등 고려할 것들이 많았다.

심고 나서 토양 조건이 맞지 않아 죽는 경우도 있고, 잘 크다가 태풍으로 쓰러진 경우도 있고, 병충해를 입어 때때로 방제약을 살포해야 하는 경우 등 여러 시행착오를 반복하며 눈길과 손길이 많이 간다. 그래도 아기자기하게 제 나름의 잎이 돋아나고, 꽃을 피우고, 열매를 맺어가는 현상을 바라볼 때면 사랑스럽기 그지없다.

벽오동과 함께 여러 나무들은 한 터전에서 할아버지, 아버지에 이어 우리 아이들에 이르기까지 대를 이어가는 하나의 표상이 되어간다.

의사도 아닌 내게 청진기가 하나 있다. 때때로 나무의 미세한 생명의 소리를 들어보려 수 년 전에 마련했던 것이다. 실제로 나무에 청진기를 대어보면 땅의 울림이 나무의 호흡처럼 들리기까지 한다. 땅 밑으로 흐

| 비에 젖은 문화교육연구소田의 나무들

르는 물소리가 마치 줄기를 타고 가지 곳곳으로 혈관처럼 이어져 흐르는 듯 느껴진다.

 이러면서도 나는 그동안 왜 옳게 듣지 못하였나? 비로소, 가고 나서야 "꿈을 이뤄라"는 마지막 그 한 마디가 청진기를 타고 증폭되어 내 귓전을 때리는 듯하다. 아이들은 당신이 남긴 선물이고, 꿈이다. 나무들은 아이들과 함께 사랑으로 커 갈 표상이다.

 유난히 비가 잦았던 5월이었다.

 비에 젖으며 벽오동은 꽃을 피우기 위해 꽃대를 올리며 이파리를 하늘거린다. 나도 젖었던 5월이었다.

젖지 않고 피는 꽃이 어디 있으랴
이 세상 그 어떤 빛나는 꽃들도
다 젖으며 젖으며 피었나니
바람과 비에 젖으며 꽃잎 따뜻하게 피웠나니
젖지 않고 가는 삶이 어디 있으랴"

〈도종환 – 흔들리며 피는 꽃〉 중에서

❙ 벽오동 줄기를 타고 빗물이 흘러내린다

여름

다양한 나무를 만나며 그 생을 살펴보는 것도 하나의 행복이며,
사랑하는 사람들과 함께 시간을 보내는 것도 하나의 행복이었다.
소소하지만 확실한 행복은 내 안에 있었다.
여행에서 돌아와 보니 내 주변의 작은 나무들도 소화행 그 안에 있었다.

지금 여기, 존재의 안녕

옛 집과 나무를 추억할 수 있는 존재의 안녕
자연을 삶의 한 구성요소로 인식하게 되는 안식처
존재의 이유는 'no where'가 아닌 'now here'의 모습으로

추억의 집, 그리고 나무

때때로 어린 시절 살았던 집 구석구석이 생생하게 떠오른다.
온 가족이 모여 식사를 하던 큰 방은 할아버지, 할머니 방인데, 손님 접대라든가 다함께 모여 TV를 보는 등 다양한 용도로 쓰였다. 형과 나의 숨바꼭질 장소이기도 했던 큰 방의 벽장은 흙냄새, 나무냄새도 나면서 여름에는 시원하고 겨울에는 참 아늑했다. 중학생이 될 무렵, 양옥으로 새 집 짓기 위해 뜯어내는 벽을 보니 대나무를 격자로 엮고, 그 안에 짚을 썰어 넣은 황토로 아주 단단하게 만들어진 구조임을 알 수 있었다.
안방과 작은 방으로 이어지던 대청마루는 길게 뻗은 소나무 판의 촉감이 일품이었다. 가끔 대청소를 하는 날, 나무 틈에 끼어있는 동전을 줍기라도 하면 공짜라도 생긴 냥 좋아 날뛰곤 했다. 여름이면 할머니 팔을 베개 삼아 더운 줄도 모르고 새근새근 잠들던 장소로도 기억되는 곳이다.

큰방의 뒷방과 작은방의 뒷방으로 연결되는 중앙에는 청방이 있는데 집의 한가운데 위치하며 제일 높은 부분이다. 곧은 소나무 서까래가 노출되어있는 이곳은 한여름에도 시원하여 항상 먹거리들로 가득했던 천연냉장고였다.

청방 뒤로는 작은 툇마루가 있고, 군불을 지피던 아궁이와 함께 동쪽으로는 할아버지의 작업장으로 나무를 다루던 갖가지 연장이 있고, 북쪽 뒤뜰에는 술을 빚는 누룩이 늘 널려있고, 부엌으로 이어지는 장독대 앞으로 작은 배나무와 수돗가가 있는데, 세탁기가 귀했던 그 시절에는 한겨울에도 어머니는 손 시리도록 온 가족의 빨래를 해야만 했다.

마당으로 나가보면 동, 서로 큰 감나무 두 그루가 있어 새들과 곤충들이 항상 있었고, 서쪽의 감나무 아래로는 부엌에서 쓸 땔감을 쌓아둔 나무더미가 수북했는데 주로 이곳에서 나의 회초리가 제공되어졌다. 어려서부터 장난꾸러기라 혼날 일이 많았는데, 이 앞에서 울먹거렸던 그때의 기억들이 지금은 웃음을 짓게 한다.

마당은 고된 일의 피곤함에도 우리 형제들과 축구, 탁구를 하며 놀아주던 아버지와의 운동장이 되고, 여름 저녁이면 대야를 펼쳐 수박, 토마토, 오이를 한 가득 담아 물에 띄워놓는 과일 판매처로 바뀐다. 가을이면 타작을 하고 말리는 나락의 건조장으로 가을의 풍성함만큼이나 갖가지 곡식들이 늘어져 말려지고, 거둬들여졌었다. 그 마당에는 갖가지 꽃과 나무들이 사계절 옷을 갈아입으며 아늑하고, 풍요로운 풍경을 만들어 주었다.

그때의 집과 그때의 나무들은 기억 속에서 고정체로 남아 있지만, '나'라는 존재는 끊임없는 변화 속에 이어져 왔다. 이렇게 옛 집의 구석구석 정취情趣를 추억할 수 있음은 '나'라는 존재의 안녕(well-being) 때문이겠다.

1980년 어린시절 부모님과 함께 마당에서

존재 안녕의 안식처

한때, 교육학을 공부하며 현상과 경험의 의미를 찾으려는 현상학에 주목하여 교육공간 연구에 심취할 때가 있었다. 그때도 과거의 집을 상기시키며 교육공간으로서의 집의 중요성을 생각했었다.

현대사회에서의 교육공간이라 함은 주거공간에 대한 논의보다는 교육행정 영역에서 이뤄지는 학교 건축과 관련한 연구가 대부분인데다, 교육철학적 관점에서 접근한 연구는 극히 제한적이라 생각했었다.

일상생활 속에서 공간의 의미와 인식이 사람됨에 어떤 영향을 미치는지에 대한 고찰이 비교적 소홀하다 생각했기 때문에 택했던 나름의 탐구(교육공간으로서의 집에 대한 현상학적 연구)였는데, 명쾌하게 연구 성과를 내지 못하고 유야무야로 끝나버렸던 아쉬움이 있다.

사유와 삶의 중심으로서의 집, 자연과의 조화를 집이라는 울타리 안에서 찾아보고자 하였고, 그 중심공간으로 마당(정원)에 특히 주목하였다.

농사가 주였던 농경사회에서는 마당이 농사를 위한 준비와 수확물의 갈무리와 저장을 위한 공간으로 활용되었음은 물론, 관혼상제冠婚喪祭의 대소사가 이루어지고 놀이의 중요 장소이자 나아감과 들어옴의 축으로서 관계의 확산, 사회화의 걸음걸이가 시작되는 곳이었다. 또 안으로 자연을 들여놓기 위해 꾸미고, 하늘과 땅의 기운이 만날 수 있는 빈 공간으로 열어두기도 했던 곳이다.

돌아보면, 나의 생활환경은 언제나 자연이 내 안으로 들어와 있었기에 성장기를 자연환경이 주는 다양한 변화를 경험하며 여러 대상들과 관계했던 아름다운 추억들로 채워져 있지 않았나 싶다. 다른 인위적인 교육이 아니더라도 생활 자체가 자연을 삶의 한 구성요소로 인식하게 되는 환경이었던 것이다. 그 속의 나무는 더 각별하게 다가오는 존재이자 다른 존재들과의 매개 요소로서도 중요했다.

| 1977년 옛 집 마당에서 (제일 좌측 보행기에 앉아있는 아이가 필자)

이처럼 집은, 그 중에서도 마당(정원)은 자연과의 생활을 통한 교육의 장소이자 존재 안녕의 안식처였다.

마당을 나온 광나무

"이 작고 선한 정원이 놀랍게도 우리에게 색다른 생각과 여운을 선사한다. 정원을 꾸려서 느끼는 창조의 기쁨과 창조자로서의 우월감이 그것이다.(중략)"

헤르만 헤세(Hermann Karl Hesse / 1877~1962)는 [즐거운 정원]에서 정원의 창조를 이야기하였다.

| 콘크리트 벽을 뚫고 마당을 나온 광나무

우리가 마당(정원)이라 부르는 서양의 'garden'은 '둘러싸다'는 뜻의 라틴어 'gar'와 아름답게 꾸민다는 뜻의 'eden'이 합쳐진 말로 일정한 울타리 안에서 사람의 손길을 거쳐 탄생하는 것을 의미한다고 한다.

예전부터 우리 집 마당에는 갖가지 화초들과 나무들이 많았다. 식물 가꾸기를 좋아하는 어머니의 부지런한 손길 덕분에 누리는 호사였는데, 그 영향으로 나도 매일 마당의 식물들에 눈길하며, 때때로 손길하며 창조의 기쁨을 맛보며 살아가고 있다.

많은 나무들 중 눈길을 끄는 한 나무가 있다. 골목을 지나가는 사람들마다 한 번씩은 눈길을 하며 감탄하는 이 나무는 십수 년 전에 자생한 것으로 마당을 벗어나 담장 바깥에서 당당하게 자라고 있는 광나무이다.

정절을 지키는 여인네처럼 매서운 추위 속에서도 고고하고 푸른 자태를 지닌다 하여 '여정목女貞木' 또는 '동청목冬靑木'이라고도 불리는 이 나무는 어머니의 손길로 다듬어져 새로움을 창조하고 있다. 잎에서 광(윤기)이 난다고 하여 이름 붙여진 이 나무는 심지어 하얀 꽃을 수북이 피우며 은은한 향기로 많은 꿀벌들까지 불러들이고 있다.

▎벌을 불러들이는 광나무 꽃

▎잎에 광이 난다하여 이름 붙여진 광나무

이양하 작가는 〈나무〉라는 작품에서 "나무는 주어진 분수에 만족할 줄을 안다. 나무로 태어난 것을 탓하지 아니하고, 왜 여기 놓이고 저기 놓이지 않았는가를 말하지 아니한다." 하였는데, 이 광나무는 오히려 자신의 존재를 통해 마당(정원)의 안과 밖이라는 공간과 공간을 이어주며 자유정신의 상징이라도 된 듯 유유자적한 모습으로 다가온다.

마당 안에서는 나무의 실체를 전혀 찾을 수 없는데 담장 밖의 세상이 어지간히도 궁금하였는지 콘크리트를 뚫고 담장 밖으로 자신의 존재를 알리고 있는 모습이 그저 신기할 따름이다.

'no where(어디에도 없는)'가 아닌 'now here(지금 여기)'의 모습으로 존재의 이유를 분명히 보여주고 있다. 존재의 안녕을 이야기하고 있다.

내가 이렇게 나무 이야기, 나의 이야기를 할 수 있음도 지금 여기 '나'란 존재의 안녕이 있기 때문이다. 그렇기에 감사할 따름이다.

▌어머니의 정성어린 손길로 가꿔지는 마당

관물觀物 : 보는 것을 넘어

자연과 교감하며 무엇을 찾아보는 시간
눈으로 보는 것을 넘어 마음으로 보고, 이치로 바라봄
평범한 일상에서도 세상을 다르게 바라보고, 인식하기

본질을 찾아보는 시간

'欣欣百物競年華(흔흔백물경년화)' 온갖 만물들이 풍경을 다투는 계절이다.

퇴계(退溪/이황 1501~1570) 선생의 [도산관물陶山觀物] 속 한 구절을 떠올려 본다. 은거하면서도 자신의 주체성을 잃지 않으려, 사물에 자신과 세상사를 대입시키며 의미를 두는 관조觀照하는 삶의 자세가 절묘하게 다가오는 시절이다. 바야흐로 계절은 푸름으로 가득 찬 시간을 달려가고 있다.

숙연했던 분위기를 반전시키려 아이들과 멀리 경북 칠곡으로, 경남 거창으로 발걸음 하여 초록의 자연과 교감하며 무언가를 찾아보는 시간을 가졌다. 달리 말하면 존재하는 실체, 나와 아이들의 본질을 더듬어보는 (찾아보는) 시간이었다.

벌레 먹은 잎 찾기, 감나무의 대목으로 쓰인다는 고욤나무 찾기, 옛 사람들이 신발 깔창으로 잎을 사용했다는 신갈나무 찾기, 까만 열매를 매

| 아래에서 올려다 본 무화과와 하늘 (Beyond seeing)

달고 있는 뽕나무 찾기, 바늘잎이 세 개씩 붙어 있는 리기다소나무 찾기, 가구 만들기에 좋다는 오동나무 찾기 등 "Forest GO!!"를 외치며 시작한 칠곡 숲에서의 '가족소통캠프'는 모처럼 아이들과 자연에서의 소중한 한 때였다.

승부욕이 발동한 아이들은 퀴즈를 풀기 위해 숲의 이곳저곳을 유심히 들여다본다. 막연히 마주할 숲도 퀴즈라는 동기부여가 있다 보니 하나하나 훑어가며 바라보는 아이들을 발견하게(찾아보게) 된다.

아들은 으레 그 또래의 남자 아이들이 좋아하는 곤충 삼매경이다. 곤충이 자신 앞에 나타나기를 간절히 바라던 덕분일까, 사슴벌레, 풍뎅이, 여치가 아들 눈에 들어왔다. 마냥 신나서 흥분된 목소리와 호기심 띤 얼굴빛이 아빠 눈에는 사랑스럽기 그지없다.

한동안 집에 데려와 수박껍질을 먹이로 주며 관찰하던 아들은 곤충들

| 칠곡에서 가족소통캠프 중 Forest Go | 아이들의 곤충 찾기

이 있어야 할 자연으로 되돌려 준다며 풀어주었다. 이 또한 자연의 섭리를 깨우쳐 가는 한 과정이다 싶어 흐뭇하다. 지금의 이 시간이 주는 순수의 모습을 찾아보게 된다.

관물觀物이란?

사물을 바라본다는 '관물觀物'을 이야기하기에 앞서 보다, 보이게 하다, 나타내다, 모양, 생각 등을 의미하는 '관觀'이란 글자를 풀어서 짚어본다.

황새 '관雚' 자는 새 '추隹' 자 위에 큰 눈과 눈썹이 도드라진 황새를 표현한 글자이다. 여기에 '보다'란 의미의 '견見' 자가 결합된 '관觀'이란 글자는 나무 위에 올라가 있는 황새처럼 '넓게 보다'라는 뜻이 된다.

'관觀' 자가 들어가는 몇 몇 용어의 사전적 의미를 들여다보면 관찰(觀察/사물의 현상이나 동태 따위를 주의하여 잘 살펴봄), 관망(觀望/한발 물러나 일이 되어 가는 형편을 바라봄), 관조(觀照/고요한 마음으로 사물이나 현상을 관찰하거나 비추어 봄), 관측(觀測/자연현상의 추이, 변화를 수량적으로 세밀히 헤아림) 등 '보다'라는 일반적인 의미보다는 사물이나 이치를 통찰하거나 내면까지도 깊숙이 파악하여 인식한다는 의미로 다가온다.

조선 후기의 대표적 실학자인 성호星湖(이익 1681~1763) 선생의 [성호사

[星湖僿說]에 가리어 덜 알려진 [관물편觀物篇]이 있는데, 사물의 바라봄에 관한 여러 일화가 있다 한다. 사물이나 사람이나 어떤 관점으로 바라보며 어떤 자리에 있느냐에 따라 가치가 달라진다는 내용의 이야기란다.

선생이 산에서 천문동 뿌리를 몇 캐어 마당에 옮겨 심었는데, 덩굴이 잘 뻗어 사람들의 관심과 찬탄을 받게 되자 "산에 있을 때는 사람들이 거들떠보지도 않았는데 내 마당으로 오니 사람들이 알아봐줍니다. 단지 사람이 다르게 볼 뿐입니다."

선생의 초막에 해마다 붉은 앵두가 탐스럽게 열려 "이 앵두는 특별한 앵두나무인가 봅니다."며 사람들의 칭찬이 자자하자 "이 앵두나무는 평범합니다. 나를 만나고 칭찬을 듣는데, 같은 나무라도 누구를 만나느냐에 따라 사람들이 달리 보는 듯합니다."

선생의 마당에 한 해에 겨우 서너 개 열리는 대봉 감나무와 많이 열리지만 맛이 떫은 땡감나무 두 그루가 있어 이를 못 마땅히 여긴 선생이 베

| 거창 수승대의 하심송(下心松) 머리를 숙이면 세상과 부딪칠 일이 없습니다

어내려고 하자, 부인이 "비록 서너 개 열리더라도 대봉감은 조상 모시는 제사상에 올리기 좋고, 땡감은 떫지만 말려서 곶감이나 말랭이 해서 먹기에 좋지요."

유단취장有短取長을 이야기하는 것이다. 단점 속에서 장점을 찾아낸 부인의 이야기를 듣고 성호 선생은 나무 베어내기를 그만두었다 한다.

눈으로 보는 이목관물以目觀物을 넘어 마음으로 보는 이심관물以心觀物, 이치로 보는 이리관물以理觀物을 이야기하는 것이겠다. 사물을 어떻게 바라보고, 어떤 유용함을 찾아낼 것인가 하는 관점觀點의 문제가 관물觀物이라 하겠다.

꽃이 숨어있는 나무

지루하게 이어질 장마에 앞서 여러 꽃과 나무들이 제 풍경을 뽐낸다. 퇴계 선생은 을사사화(乙巳士禍/1545년)라는 당시의 세상사에 자연을 대

| 초하(初夏)의 계절에 잘 어울리는 무화과나무

입시켜 '풍경을 다투는(競)'이라 표현했지만, 지금의 나는 '제 올 때와 갈 때를 알고 질서에 따라 움직이는'이라 표현해본다.

다홍빛 나팔을 벌려 자신의 절정을 소리 높여 외치는 듯 한 능소화, 하얀 바람개비를 닮은 치자나무 꽃은 달달한 향기를 뿜어내고는 한 잎 두 잎 꽃잎을 떨어뜨리며 열매 맺을 준비를 한다. 단감나무도 부실한 열매는 빠지고, 튼실한 열매들은 꽃받침을 꼭 붙들고 앉아 싱그러운 초록으로 몸을 불려가고 있다. 다 그 나름의 매력 있는 모습이다.

이들 중, 초하初夏의 이 계절에 잘 어울리는 매력적인 나무가 눈에 들어온다. 혹 주머니를 달고 있는 듯, 가장자리가 얼기설기 톱니처럼 생긴 큰 이파리를 하늘거리고 있는 무화과나무이다.

이름 그대로 꽃이 없는 열매 '무화과無花果'인데, 혹 주머니처럼 생긴 초록 열매가 실제로는 열매가 아니라 꽃받침이며 속의 붉은 부분이 꽃이다. 꽃잎 하나하나마다 작은 씨앗이 맺혀 있는데 무화과를 먹을 때 톡톡 씹히는 부분이다.

▎자연의 질서 (무화과를 반으로 잘라 본 속)

▎무화과 진액 (피신/단백질 분해효소)

아직 덜 익은 열매 하나를 따서 칼로 잘라 그 속을 유심히 들여다본다. 자연의 질서란 오묘하기 그지없다.

무화과 열매는 암수가 따로 있으며 꽃이 안에서 피기 때문에 일반적인 식물과 달리 꽃가루를 퍼뜨릴 수 없는데, 공생하는 암컷 무화과좀벌(fig wasp)이 무화과 속으로 들어가 수컷 좀벌과 짝짓기 후 알을 낳고, 또 알에서 깨어나 성충이 된 암컷 좀벌이 다른 열매로 찾아가는 과정에서 꽃 수정이 일어나는 독특한 생의 구조를 가진다 한다.

무화과를 자세히 보면 배꼽처럼 생긴 구멍이 있는데, 암컷 무화과좀벌이 드나드는 구멍이란다. 그 무화과좀벌을 찾아보려 계속 훑어보아도 찾을 수 없다. 우리나라에는 무화과좀벌이 없기에 수정이 이루어지지 않는다 한다. 씨방만 발달하고 종자 없이 과실이 생기는 '단위결과單爲結果' 식물이기 때문이다. 단감, 감귤, 포도도 단위결과 현상의 열매란다.

무화과는 숨어있는 꽃차례(花序/꽃이 피어있는 생김새)이다.

나는 꽃이 없는 열매 '무화과無花果'가 아니라 생김 그대로에 주목하며 '꽃이 숨어있는 나무'라는 뜻으로 '은화수隱花樹'라며 나름의 이름을 붙여본다. 꽃이 안 보인다고 겉으로 드러나는 형체를 열매로 인식하는 이름이 아니라, 드러나 있지 않지만 나무 본연의 생에 더 어울리는 이름이지 않을까 해서 붙여본 것이다.

관물觀物은 관찰자의 시각만을 통해 사물을 보는 것이 아니라 자연의 이치를 탐구하여 사물을 바라보는 것이기도 하고, 평평범범(平凡)한 일상에서도 세상을 다르게 바라보고, 인식하면 어떤 새로움이 다가올 수도 있음을 말하는 것이겠다.

보는 힘, 생각하는 힘을 키워 나의 삶도 다르게 가꾸어 가야겠다.

행복을 부르는 자귀나무

우주의 질서 속에서 행복한 한 때
행복의 조건은 내 안에 있는 깨달음
자귀나무와의 조우에서 행복을 읽어 들이는 순간

꽃에서 배우라

"풀과 나무들은 저마다 자기다운 꽃을 피우고 있다. 그 누구도 닮으려 하지 않는다. 그 풀이 지닌 특성과 그 나무가 지닌 특성을 마음껏 드러내면서 눈부신 조화를 이루고 있다. 풀과 나무들은 있는 그대로의 모습을 드러내면서 생명의 신비를 꽃피운다. 자기 자신의 생각과 감정을 자신들의 분수에 맞도록 열어 보인다."

류시화 시인이 엮은 법정 스님의 잠언집 [살아있는 것은 다 행복하라]의 〈꽃에서 배우라〉에 나오는 한 구절이다.

그랬다. 한창 여름을 향해 달려가는 이 무렵, 주변을 돌아보면 형형색색形形色色의 다양한 풀과 꽃들이 나름의 이유로 각자의 모양과 빛깔을 머금고 계절을 만끽하고 있다.

봄이 오기만을 기다렸다는 듯 가장 먼저 싹을 틔우던 비비추가 이제

| 행복을 부르는 자귀나무

는 무성하게 잎을 피워 올리며 연보라 꽃을 앞세워 햇빛을 향해 뻗어가고 있다. 꽃잎 한가득 하늘의 기운과 땅의 기운을 모아 부풀린 풍선마냥 터뜨릴 준비를 하는 보랏빛 도라지 꽃, 활짝 만개하여 여섯 장의 꽃잎을 가지런히 펼치고 다소곳이 앉아있는 흰 도라지꽃, 뭐가 그리도 수줍은지 아래로 고개를 떨구면서도 벌을 불러들이는 가지 꽃과 참깨 꽃은 그 모양도 빛깔도 참 매력적이다.

해를 향해 꽃잎을 활짝 펼치고 있다가 어느새 오므리며 언제 그랬냐는 듯 새초롬한 나팔꽃과 채송화, 한 잎 한 잎 모여 꽃을 이루더니 또 모여서 꽃덩어리로 독특한 아름다움을 보여주는 수국은 그 자체로 조화의 아름다움이 뭔지를 말하고 있다.

　세 가닥의 길쭉한 초록 잎사귀 위로 올라앉은 다홍빛 천일홍은 앙증맞으면서도 유난히 눈에 띈다. 초록색 속에서 자줏빛 폭죽을 터뜨리는 송엽국은 명시도 높은 빛깔 그 자체로도 존재감이 드러난다. 알록달록 붉고 노란 분꽃은 화려한 빛깔로 요염하게 벌과 나비들을 유혹한다.

　이에 뒤질세라 샛노란 원추리는 펼친 꽃잎 안에서 수술들이 나비들을 향해 어서 오라며 손짓을 하고, 순백의 백합은 찐한 꽃가루를 가득 머금고 꽃 잎 크게 벌려 구애하는 듯 벌들에게 꽃가루를 선사하고 있다.

　어찌 보면, 우리 사람의 눈에는 마치 경쟁이라도 하듯 앞 다투어 벌과 나비를 불러들이는 듯하지만, 꽃들은 자기 자신을 남과 비교해서 특성을 드러내는 것이 아니라 저마다의 소질을 있는 그대로 표현하고, 자신의 절정기 한 때를 열심히 살아나가며 우주의 질서 속에서 조화를 이뤄 행복한 한 때를 보내고 있는 것이겠다.

행복의 조건

　장마로 후텁지근하지만, 불어난 계곡의 물소리는 마음을 맑게 해준다.
　시원한 물소리를 듣고, 빗속의 풀 내음, 나무 내음을 맡으러, 또 자연의 싱그러움을 눈에 담아보려 홍룡사, 홍룡폭포로 향했다. 절에 들어서기 전, '반야교般若橋' 다리 앞에 멈춰 서서 할아버지와 마주한다.

　마을 뒷산 천성산에 자리 잡은 홍룡사는 예전의 우리 할아버지, 할머니에게 있어서는 종교 이상의 의미였을 것이다. 열심히 지은 곡식을 털어 절의 번창에 기여했던 흔적이 반야교 입구에 할아버지 이름 석 자로 남아 있다.

사바세계娑婆世界와 자비도량慈悲道場의 공간을 잇는 가교架橋가 세월이 한참 지난 지금에도 손자를 끔찍이 사랑하던 그때의 할아버지, 할머니와 나를 연결해주고 있다. 그 이름도 '사물의 본래 양상을 이해하고 진실한 모습으로 지혜롭게 살아간다'는 의미의 '반야般若'로 내게는 할아버지의 이름 석 자 새겨진 다리 이상의 의미로 다가오는 곳이다.

이곳에는 사람들의 바람들을 글씨에 담아 매달아 놓은 소원목이 주렁주렁 걸려 있다. 전에는 예사로 보고 지나갔는데, 비를 맞으며 사람들의 어떤 바람들이 있을까를 하나하나 훑어보았다. 가족의 건강, 재물번창을 비롯하여 원하는 대학에 합격, 취업, 결혼 등 각자 행복의 조건들이 빼곡 새겨져 있었다.

어떤 이는 대단한 것들을 바라며 행복을 염원하기도 하고, 또 누군가는 일상의 작은 어떤 것을 소망하며 소박한 행복을 꿈꾸기도 한다. 과연 '행복의 조건'은 무엇일까?

법정 스님은 '행복'을 말씀하셨다. "아름다움과 살뜰함과 사랑스러움과 고마움에 있다."고, "산길을 지나가다 무심히 홀로 피어있는 한 송이 제비꽃 앞에서도 얼마든지 행복할 수 있다."고, "행복은 크고 많은 데 있는 것이 아니라 일상적이고 사소한 우리 주변에 있는 것이다."고 이야기하셨단다.

행복의 조건은 내 안에 있는 깨달음이란 것이다.

다리 하나에도 소소한 삶의 내력과 역사를 간직한 나는 행복한 사람이다. 주변의 꽃들을 바라보며 아름다움을 읽어 들일 수 있는 나는 행복한 사람이다. 주어진 생을 의연하고 담담하게 받아들이며 살아가는 흔한 나무들을 사랑하는 나는 행복한 사람이다.

노란 꽃밥을 달고 있는 자귀나무 수술

자귀나무와 조우, 행복과 조우

막연히 보면 안 보이는 것도 자세히 보면 눈에 들어오기 마련인 것이 세상의 진리이다.

5월부터 내 눈에 자주 들어오던 한 나무가 있어 지나는 곳 마다 유심히 들여다보게 되었는데, 어느 날 연구소 앞에 어린 새싹이 돋아나고 있어 자세히 살펴보니 자귀나무 새끼였다.

봄도 아니고 왜 지금 이 새싹이 내 앞에 나타났을까? 어린 자귀나무와 나의 조우遭遇는 운명이다. 장맛비에 쓸려가지 않도록 작은 화분에 옮겨 심었다. 어린 새싹인데도 잎에서부터 고유의 존재감을 발하고 있는 모습이 대견스럽다. 사랑스럽다.

대부분의 꽃들은 꽃잎을 펼치며 가운데에 암술과 수술이 자리하는데 자귀나무는 이런 평범함을 벗어났다.

▎내 앞에 나타난 자귀나무 새싹

▎어두워지면 잎을 오므리고 잠자는 자귀나무

짧은 분홍실을 마치 화장솔 벌려놓은 듯, 우산 모양의 꽃차례(花序)를 하며 한 꽃에 암술, 수술이 모두 들어 있는 웅성양성동주雄性兩性同株로 우리가 꽃잎이라 부르는 부분은 꽃잎이 아니라 꽃술이다. 분홍색 수 십 개의 화려한 꽃술 끝에 노란 꽃밥이 달려있는 것이 수술이고, 없는 것이 암술이란다.

또 다른 특징으로 하나하나의 작은 잎은 두 줄 마주보기로 달리는데 낮에는 잎을 활짝 펼치고 있다가도 어두운 밤이 되면 서로 겹쳐져(수면운동) 마치 남녀(부부)가 안고 자는 모습을 연상시켜 '야합수夜合樹', '애정목愛情木', '부부목夫婦木'이라 부르며 좋은 금슬琴瑟을 상징하기도 한단다.

'자귀나무'란 뜻은 '잠자기의 귀신나무'란 의미이며, 예전에 소를 많이 키우던 지역에서는 소가 자귀나무의 잎을 잘 먹어 '소쌀나무'라고 불리었단다. 꽃말은 '환희', '두근거림'이라는데 동서양을 막론하고 가정의 행복을 기원하는 상징의 나무로 여겼다 한다.

내 마음에 어떤 행복의 염원이 움터 하나의 새싹이 다가왔다. 그 새싹은 내 마음의 토양에서 잎을 펼쳐가며 커다란 나무로 자라나갈 것이다. 함께 합을 맞출 당신이 내 곁에 없더라도 햇빛을 받으며 두 줄 나란히 반짝이는 당신과 나의 여린 잎들이 아름답게 춤추며 노래할 것이다. 그러니 당신도 행복해하시라.

이른 아침, 물안뜰을 찾아 맑은 물소리를 들으며 반짝거리는 자귀나무와 만났다. 산들바람을 타고 살랑거리는 자귀나무가 내게 말을 해온다.

"행복해야해." 나도 대답을 한다. "모든 것은 다 행복하라"고…,

맑은 물이 웅덩이로 떨어지는 포말과 함께 행복의 환희로 가득 차오르는 순간이다.

껍데기를 벗고 커가는 나무와 삶

맑은 물과 잘 어울리는 초록빛깔, 그를 닮은 아이들
껍데기를 벗고 스스로 부드러움을 표현해내는 노각나무
껍데기를 안고, 벗고 성장해가는 자연의 생물들, 우리의 삶들

나무 이름의 의미

어릴 적, 할아버지께서 가르쳐주신 우스개 노래 한 자락이 뇌리를 스친다.

"뽕나무가 뽕하고 방귀를 뀌니, 대나무가 대끼놈 야단을 치네, 참나무가 옆에서 하는 말 참아라" 지금 생각해보면 옛 사람들은 나무 하나에도 소리의 의미를 찾아 이름에서 연상되는 말로 일상의 곤함을 노래로 승화시키는 해학이 있지 않았나 싶다.

그랬다. 나무 이름은 크게 언어와 의미에 따라서 찾아볼 수 있는데, 언어에 따라서는 토박이말과 외래어에서 유래된 것이 있고, 의미 측면에서 보면 식물의 전체 느낌, 형태, 성질, 습성, 사람과의 관계, 동물이나 사물에 비유한 것, 설화 등에서 유래된 것으로 구분되기도 한단다.

나무의 특징을 구체적으로 나타내기 위해 기본 종의 이름 앞, 뒤에 붙

이는 접두어, 접미어를 통해 나무의 정보를 더 많이 읽어 들일 수도 있는데 접두어로 대강 분류해서 보면 나무의 자생지에 따라 갯(갯버들, 갯댑싸리), 산(산개나리, 산팽나무), 섬(섬단풍, 섬백리향), 지명(강계버들, 광릉물푸레)등으로 분류되기도 하고, 진위여부나 그 질에 따라 개(개다래, 개오동), 참(참꽃나무, 참오동), 돌(돌배나무, 돌매화), 너도(너도밤나무) 등으로 분류되기도 한다.

잎이나 줄기 등의 특성에 따라 가는(가는잎버드나무), 가시(가시오가피, 가시복분자), 털(털오리나무), 열매, 꽃 등의 색에 따라 금(금송, 금목서), 은(은행나무, 은사시나무), 백(백목련, 백정화), 주(주목) 등의 접두어가 붙고, 크기나 형태에 따라 누운(눈잣나무, 누운측백), 애기(애기동백), 왕(왕대, 왕쥐똥나무) 등으로 분류되어 불리어지기도 하단다.

이런 접두어를 붙인 나무들과 달리 그 이름이 독특하며 봄에는 시각

| 알차게 영글어가는 때죽나무 열매

| 세 갈래로 갈라진 사람주나무 열매

과 후각을 자극하더니 6월을 넘어 7월이 되면서 열매가 시선을 이끄는 나무가 몇 보인다.

   조롱조롱 매달린 타원형의 열매가 맑은 계곡의 물과 참 잘 어울리는 때죽나무는 왜 이름이 때죽일까?

   열매를 물에 불려 빨래를 하면 때를 쭉 뺀다는 뜻에서 때죽나무가 되었다는 설도 있고, 열매를 찧어 물에 풀면 물고기를 기절시켜 떼로 잡아서 죽인다고 때죽나무가 되었다는 설도 있다는데, 역시 시선을 끌던 나무의 열매에 그 특징이 있다.

   이 열매의 껍질에 함유된 사포닌(saponin)이라는 성분 때문인데, 이것은 피를 맑게 하고, 이뇨효과가 있어 약용으로도 쓰일 수 있다 한다. 목재 자체로서의 쓰임은 많지 않다 하나 재질이 질겨 도끼나 괭이, 호미,

낫 등의 도구 손잡이로 할아버지께서 가지를 깎아서 사용하던 것으로 내 기억에는 저장되어 있다.

또 한 나무는 잎의 생김새가 감나무와 비슷하지만 열매가 둥글면서 세 갈래로 갈라진 사람주나무이다.

동물 이름이 붙는 식물은 꽤 있는데, 이 나무는 왜 '사람'이 붙어있을까? 그리고 뒤에 '주'는 무슨 의미일까? 열매가 마치 울룩불룩 근육질 사람의 몸매를 연상하게 하지만, 가을의 붉게 물든 단풍이 사람의 홍조 띤 얼굴색과 비슷하여 '붉을 주朱'를 붙여 그렇게 부른단다.

아무렴, 지금의 싱그러운 초록빛 잎과 열매는 사람의 눈을 맑게 해주고 기분을 상쾌하게 해주기에 더 없이 충분하다. 유난히 여름철 계곡의 맑은 물과 잘 어울리는 나무들이다. 그 부드러운 초록빛깔들이 아이들을 닮았다.

┃돌 틈 사이에 떨어져있는 노각나무 꽃

금수목錦繡木 노각나무

아침부터 곧장 천성산 원효골로 향했다.

왠지 어떤 나무와 만날 것 같은 기대를 품고 아침의 숲 기운을 온몸으로 받아들이며 골짜기로 깊이 들어서는데, 계곡 돌 틈으로 떨어진 하얀 꽃들과 마주한다. 꽃 잎 하나하나가 아니라 마치 흰 동백꽃 같이 통째로 툭툭 떨어져있다. 꽃 주인이 누굴까 주변을 둘러보고 위를 쳐다보니 얼룩무늬의 나무가 "내 꽃이야"라며 자신의 정체를 찾아준 나를 반긴다.

얼룩무늬의 수피(껍질)도 아름답고, '정의'라는 꽃말에 아름다운 흰 꽃을 가진 이 나무는 노각나무이다. 황갈색 수피의 무늬가 독특하면서도 비단을 수놓은 것 같다 하여 금수목錦繡木, 비단나무로도 불리는데 꽃이 동백꽃과 비슷하고 여름철에 핀다 하여 하동백夏冬柏으로도 불린다 한다.

'노각'이란 의미는 나무껍질이 사슴의 뿔처럼 부드럽고 아름답다 하여 녹각鹿角이라 불렸다가 발음하기 쉬운 노각나무로 바뀐 것이라 한다.

영명으로 Korean mountain Camellia로 불리며 학명이 Stewartia Koreana로 지리적으로는 우리나라에만 분포한다는데, 고급가구재나 제기祭器 등을 만드는 최고급나무로 쓰이고, 정원이나 공원의 관상수로도 사랑받으며 다양한 쓰임새를 갖고 있다. 줄기의 껍질은 모란帽蘭으로 불리며 말려서 약재로 쓰이고, 잎은 차로, 초봄의 수액은 신경통에 좋으며 항균활성과 피부재생효과가 검증되어 다방면에 유용한 나무라 한다.

나는 무엇보다 이 나무의 껍질에 주목한다.

나무 자체의 아름다움과 유용함은 두말할 것도 없이 빼어나지만, 환경에 적응하며 부지런히 성장해나가면서 묵은 껍데기를 벗어 던지고 내면의 부드러움을 스스로 표현해내는 그 아름다움에 감탄한다.

그리고 나 혼자만 아니라 이 아름다움을 나의 아이들에게도 보여주고, 만져보게 하며 느끼게 해주고 싶었다. 아니, 아이들이 이런 나무의 아름다움과 유용함을 이야기하기 전에 한 번이라도 쳐다봐주기를 바랬다. 자연과 교감하는 아이의 모습을 상상했다.

껍데기를 안고, 벗고 커가는 꿈

연구소가 오랜만에 아이들 소리로 시끌벅적했다.

아이 친구들을 몇 초대하여 1박2일을 하며 어울리고, 자연과 함께 하는 시간을 갖게 하려 애를 썼다. 비 오는 장마철이라 친구 집으로 보내는 부모들은 걱정을 했겠지만, 나는 더워도 비가와도 진행한다며 상황을 전달했고, 역시나 비가 오는 궂은 날씨에도 자연행을 감행했다.

"스스로 경험하게 하라"는 영국의 경험론 철학자 로크(John Locke 1632~1704)의 메시지를 나는 추앙한다. 자기주도적 활동을 이야기하면서도 어떤 동기부여 없이 많은 상황들을 어른들 잣대로 미리 만들어놓는 현실에 일침을 가하는 좌표이기 때문이다.

그래서 지난 10여 년 간, 연구소에서는 자연의 비정형 환경(Pop-up)에서 놀이를 통해 스스로 체득하며 만들어가는 의미를 찾기 위한 건강한 교육활동을 표방하며 아이들과 놀았었다. 몇 년간 멈췄던 아이들과의 활동을 내 아이와 그 친구들의 어울림으로 잠시나마 재현해보는 시간이었고, 아빠노릇도 더 제대로 해보는 시간이었다.

비 오는 날 폭포의 엄청난 물보라를 온몸으로 체감했던 아이들은 다시 산으로, 계곡으로 위험을 감수하며 올랐다. 적당히 위험요소를 받아들이며, 끌어들이며 위험을 제대로 인지하고 생각하는 놀이, 자연을 깊

빗속에서 노각나무를 만지며 촉감을 느끼고 있는 아들

비 오는 날 아이들의 자연활동

잡은 가재를 다시 자연으로 되돌려주는 아들

이 관찰하는 놀이, 함께 목적을 향해 나아가는 화합의 놀이로 '깨우침'을 이끌어내는 시간이 되게 하고자 아이들을 자연으로 적극 안내했다.

때마침 세차게 내리는 비에 자연을 깊이 관찰하며 만끽할 여유는 없었지만, 평소 책이며, 핸드폰이며 각종 기기들에 빠져 주변을 골고루 살펴보지 못했을 아이들에게 어떤 현상을 발견하는 기회라든가, 위험 속에서 자신을 보호하기 위해 주변을 살폈을 것을 생각해보면 아이들에게는 특별한 경험이었으리라 짐작되어진다.

이런 나의 의도를 알기라도 하듯, 때맞추어 노각나무가 아름다운 모습을 드러내며 아이들과 마주한다. 아이들은 나무의 모습을 무덤하게 받아들였을 수도 있지만 색다른 나무껍질과 촉감을 기억할 수도 있을 것이다.

계곡에서 가재를 잡으면서 어떤 환경에 서식하는지도 알게 되었을 것이고, 또 논에서 우렁이를 관찰하며 어떤 공생관계로 생을 이어가는지도, 수년간 땅 속에 살다 껍질을 벗고 짧은 생을 마감하는 매미의 생도 숲에서 보았을 것이다.

다 껍데기를 안고, 벗고 성장해가는 자연의 생물들이다. 우리의 삶도 껍데기를 안고, 벗어가며 커가는 삶들이다.

아들이 물어온다. "나무 껍데기는 왜 벗겨지는 건가요?", "껍데기가 있는 가재는 어떻게 크나요?"

잡아온 가재를 다시 자연으로 되돌려주며 그들의 세계로 돌아가야 하는 자연생태계의 이치도 어느 정도 깨우쳤을 것을 생각하면 나름 보람된 활동이었다고, 아이들에게는 어떤 깨우침이 있었을 소중한 시간이었겠다고 생각해본다.

계절에 맞춰 부지런히 잎과 꽃을 피우며 묵은 껍데기를 벗고 아름다운 모습을 세상에 드러내는 노각나무의 생처럼 한 겹 한 겹 껍데기를 벗고 올바르게, 부지런히 자기 삶을 키워갈 아이의 성장도 기대를 해 보는 아빠의 꿈이다.

참나무와 진짜의 삶

정성들여 삶을 살아온 선대의 사람들
참나무와 함께 희망을 꿈꾸며 노력했던 삶
참 삶의 의미를 천성산의 참나무로부터, 할아버지로부터

정성精誠 깃든 옛 이야기

母: "아 아바이 안즉 안내려왔나? 날 어두버지는데 삽작끝에 나가바야겠다.(아이들 아버지(아들) 아직 안 내려왔나? 어둑해지는데 골목에 나가봐야겠다.)"

子: "어무이 어두번데 머하시능교?(어머니 어두운데 뭐하십니까?)"

母: "야야 퍼뜩 안내려오고 여즉 일했더나?(아들아 얼른 안 내려오고 여태 일 했나?)"

子: "일 하다보면 안그릿능교. 내일 수월케 할라카믄 오늘 다 마치뿌고 내리온다꼬 그러타인교.(일 하다보면 그렇지요. 내일 좀 편하려면 오늘 마무리지어놓고 내려와야지요.)"

母: "야야 그래도 날 어두번데 단디 댕기라. 뱃가죽 붙었겠다. 퍼뜩 내라노코 들어가자. 매늘아 아 아바이 왔다. 얼른 저녁채리라.(그래도 날 어두워지면 위험하니 일찍 조심히 다녀라. 배고프겠다. 빨리

▎참나무(진짜나무)와 돌탑
　산길을 오가며 이름 모를 사람들이 하나하나 쌓아올린 돌에는 각자 나름의 정성으로 참 삶을 살아가겠다는 의지, 또는 대자연에 소망하는 무언가가 깃들어 있을 것이다.

짐 내려놓고 들어가자. 며느리야 아들 왔다. 얼른 저녁 차려라)"

1940~60년대 우리 집의 증조할머니(어머니)와 할아버지(아들), 할머니(며느리) 사이의 흔한 일상대화이다.

일을 좀 더 하고 마무리 짓느라 늦게 산을 내려오는 할아버지. 이를 걱정하는 증조할머니는 그냥 못 기다리고 어두운 밤길에 무거운 짐을 지고 혹여나 돌부리에 걸려 아들이 넘어질까 골목에 비질을 하며 마중 나오신다.

할아버지는 그런 어머니의 걱정과 정성을 알면서도 부지런히 더 일을 하여 많은 숯을 만들기 위해 늦은 시간까지 일을 하고 내려오시는 장면이다.

母: "야는 머한다꼬 여즉까지 안 들어오노? 매늘아 워이대 올라가바라. 홀라당 태아뿔라.(아들은 뭣 때문에 아직 안 들어왔느냐? 며느리야 원효대(천성산) 숯가마에 올라가봐야겠다. 다 타버리겠다.)"

婦: "삼수때기 영감카 나가가 초지녁에 들어온다 캐사터만 아즉이네요. 어무이 개안심더 걱정마이소. 불문 다다노코 패내끼 내려오꺼시오.(삼수댁 남편과 나가서 초저녁에 들어온다 했는데 아직 안 오네요. 어머니 괜찮습니다. 걱정마세요. 불문 닫아놓고 빨리 내려오겠습니다.)"

참나무로 만든 참숯

母: "범 나온다카더라. 안대겠거든 마 내려오니라.(호랑이 나온다하니 겁나면 그냥 올라가지말고 내려와라)"

婦: "그래도 우짭니까? 저 양반 골빙들어가믄서 일해논긴데 재 만들수 있능교 퍼뜩 댕겨오꺼시오.(그래도 어쩌겠습니까? 아이들 아버지 힘들게 일 한 건데 다 태워 재 만들 수 없지요. 빨리 다녀 올테니 걱정마세요.)"

母: "아이고! 부처님요. 우리 매느리 아무 일 업구로 해주이소.(부처님 우리 며느리 안전하게 돌아오게 해주세요.)"

쉴 틈 없이 나무를 베고, 쪼개어 가마 안에 차곡차곡 재어가며 사투를 벌이던 할아버지는 가마에 불 지펴 활활 태워 불씨 사그라질 무렵, 모처럼 밖에 나가 친구들과 어울려 술잔 기울이느라 늦게까지 안 들어오신다.

다 타서 재가 되기 전에 불문을 닫아 제대로 된 숯을 만들어야 되는데 그동안의 아들 노고가 물거품이 되어버릴까 노심초사하는 증조할머니와 할머니 두 분, 고부姑婦간의 대화이다.

나무가 다 타서 재가 되어버릴까도 걱정이고, 며느리의 안전도 걱정하던 증조할머니는 내내 염주를 돌려가며 천성산의 원효암과 홍룡사를 향해 '나무관세음보살'을 불러가며 모든 안녕을 기원하셨다 한다.

어릴 적, 할머니로부터 들었기도 했고, 아버지로부터도 예전 증조할머니의 지극정성에 대해서, 또 할아버지의 고된 참숯 만들기의 노동에 대해서도 들은 이야기이다. 정성들여 삶을 살아온 성실한 사람들의 자손이기에 더없이 자랑스럽다.

참나무와 함께 한 삶

"할아버지!", "할아버지!" 크게 외친다.

아침의 고요 속에 나의 외침은 폭우로 불어난 천성산 원효골 계곡의 우렁찬 물소리를 타고 참나무를 휘감다가 다시 내 귓전으로 돌아온다.

참나무를 만나러 원효골을 찾았다가 수십 년 전, 할아버지의 노동의 흔적이 아직 남아 있는 현장(숯 가마터)과 마주하며 빗물에 젖

천성산 원효골 계곡의 시원한 물줄기

은 내 얼굴은 붉게 상기되었다. 내 가슴도 계곡의 물처럼 콸콸 요동치며 흥분이 쉬 가라앉지 않는다.

오랜 세월에 가마의 봉토 흔적은 없지만 기저부에는 계곡의 돌을 모아 빙 둘러 쌓아져 있고, 장작을 밀어 넣는 곳과 연기와 함께 열기가 빠져나오는 굴뚝 부분도 수십 년 세월이 지났음에도 검게 그을린 채로 남아 있다. 황토로 불문을 막을 구멍도 양쪽으로 큰 돌을 괴어 만들어 놓았다.

숯 가마터 현장을 마주하며 마치 할아버지와 함께 있는 듯 느껴지면서 비에 젖은 묵은 참나무 잎을 걷어내느라 땀을 뻘뻘 흘린다. 장맛비와 땀이 범벅되어도 그저 즐거운 흥분 속에 할아버지의 흔적을 더 찾느라 분주했다. 마치 먼 옛날의 유물을 찾는 고고학자라도 된 듯하다.

일제 말기, 징용열차에서 몸을 날려 고향 천성산으로 돌아온 할아버지

를 감싸 안은 건 참나무였다. 증조할아버지(아버지)를 일찍 여읜 외동의 할아버지는 학교 문턱도 못 가보고 지게 지며 농군이 되었지만, 베풀며 사는 사람의 도리를 알고, 풍류를 즐길 줄 아는 분이었다. 천성산을 닮은 온화한 성품에 부지런한 움직임으로 가족을 따뜻하게 보살피며 집안을 일으켜 세우셨고, 손자인 우리들에게는 한없는 애정을 보여주셨던 분이다.

우리 대석마을 아래로 공암마을에는 옹기를 굽는 가마가 있고, 와곡(소토)에는 기와, 벽돌을 굽는 가마가 있어 마을 사람들 대부분은 연료가 되는 나무를 모아 팔아서 가계를 이었다면, 할아버지는 나무의 효용가치를 더 높이는 참숯을 만들기 위해 봄부터 가을까지는 열심히 논밭을 일구며 농사짓다가 낙엽지고 물 안 오르는 겨울 되면 천성산에서 참나무를 베어 숯을 만드셨다. 몸은 고달파도 한 가마 제대로 구워내면 들의 논이나 밭 두, 세 마지기를 살 수 있다는 희망으로 버텨왔을 삶이었다.

▎할아버지의 숯가마터 흔적

내 어린 시절의 기억으로도 할아버지는 일어나자마자 소주 한 모금으로 목을 축이고나서 톱 줄질을 하며(톱날 세우기) 창(노래)을 하셨고, 아침 드시고 나면 바지게에 톱, 낫, 도끼, 곡괭이와 함께 됫병 소주를 얹고 산에 올라갔다가 어둑해질 때 내려오셨다. 그 고된 삶의 현장에는 언제나 참나무가 함께 해 주었다.

진짜나무 참나무

참나무는 수목도감에도 그 이름을 찾을 수 없다. 어떤 특정의 나무를 일컫는 말이 아니라 이대, 왕대, 맹종죽 등을 통틀어 대나무라 칭하는 것처럼 참나무과에 속한 나무를 통칭하여 부르는 나무이다.

흔히 도토리라 불리는 열매(상수리, 꿀밤)는 흉년 들 때 배고픔을 이겨내게 하고, 임금님 수라상에도 올랐다하여 이름 붙여진 '상수리나무', 코르크(굴피, 껍질)가 두껍게 발달한 '굴참나무', 잎이 넓고 두툼하여 예전 사람들이 짚신 깔창으로 썼다하는 '신갈나무', 잎에 천연방부제 성분이 있어 떡을 싸놓으면 쉽게 쉬지 않는다 하는 '떡갈나무', 늦가을까지 잎을 달고 있는 '갈참나무', 잎과 도토리가 작다고 '졸참나무' 라 불리는 6종의 나무를 우리나라에서는 통칭 참나무라 한단다.

우리말에 참말, 참뜻, 참사람처럼 명사 앞에 붙어 '진짜' 란 뜻을 나타내는 '참' 이라는 접두어가 있다. '진짜나무' 참나무라 부르게 된 데는 그 쓰임새 때문일 것이다.

단단하고 질긴 성질은 각종 기구를 비롯해 건축, 가구 등의 목재로도 쓰이고, 화력이 좋아 화석연료가 발달되기 전에는 땔감으로도 유용하게 쓰였다.

능이버섯, 표고버섯을 재배할 때도 종균이 생장하는 대목으로 쓰인다. 코르크층이 두꺼운 굴참나무 껍질은 예전에 지붕재료로 요긴하게 쓰였으며, 참나무를 태워 만든 숯은 은은한 화력이 좋아 제련소에서 쇠를 녹여 온도를 유지시킬 때라든가 고기를 구울 때, 항균작용이 탁월하여 수질을 정화시킬 때나 장을 담글 때, 또 냄새를 제거하는 탈취제로도 쓰인다. 열매는 예전에 배고픔을 달래주는 구황식량이 되기도 했고, 말랑말랑한 식감의 도토리묵은 별미로 손꼽힌다.

이렇게 의식주 속의 다양한 쓰임새로 진짜나무라 불리게 된 것이겠다. 영명 '오크(Oak)'라 불리는 참나무의 학명 '퀘르쿠스(Quercus acutissima)'는 켈트어의 고품질을 뜻하는 퀘르(Quer)와 목재를 뜻하는 쿠즈(Cuez)의 합성에서 유래하는 '이용가치가 높은 고품질의 목재'라는 뜻이라 한다. 쓰임새가 많아 '진짜나무' 참나무라 붙여진 우리말의 의미와 일맥상통하는 개념이다.

천성산 원효골에는 편백나무도 울창하다. 아버지가 중학생이던 1960년대 할아버지와 함께 심은 것이라는데, 1980년대 부산에서 직장생활을 하던 큰 아들(큰아버지) 집 장만해준다고 산을 팔아버려 아쉽지만, 그때 할아버지의 땀의 흔적이 수십 년 지나서도 울창한 숲의 모습으로 오가는 사람을 반기며 참나무와 공생하고 있어 반갑기 그지없다. 위대한 유산이다.

할아버지는 진짜나무 참나무를 베어 삶을 개척해나가면서 내일을 바라보는 편백나무를 심어 또 다른 숲을 만들어 놓았다. 참나무 숲과 편백나무 숲 사이로 바지게에 나뭇짐을 가득 싣고 절룩절룩 걸어내려 오는 할아버지의 모습이 내 눈에는 보인다.

| 참나무와 편백나무의 공생

    나무는 거짓이 없다. 사람의 흔적도 거짓 없이 고스란히 남아 있다. 그렇게 천성산의 진짜나무 참나무는 할아버지의 인자하고, 부지런한 모습 그대로를 닮아있다.

    참 삶을 살다 가신 할아버지는 오늘도 진짜의 삶을 이어가라고 손자를 다독거린다.

자기철학 분명한 선비의 나무

추억 속의 배롱나무와 모과나무
변치 않는 마음과 향기로운 생의 모습
수기修己의 삶을 살아간 선비와 나무

나무에 얽힌 추억

#1. 여름방학을 맞아 한국으로 잠시 돌아왔다. 집에 있을 겨를도 없이 경북의 경주, 청도, 안동으로 문화답사에 나섰다. 외국의 우수한 문화를 배우러 나갔지만, 오히려 나에게 있어서는 고국에 대한, 역사와 전통문화에 대한 갈증이 더 컸었던 시기였다.

한국인으로서의 정체성을 가지고 갈 이야기를 찾고자 분주했었고, 문화, 형태, 재료의 합솜에 초점을 맞춰 작품 구상을 하던 나에게는 자연스레 우리 옛 것들에 대한 소중함을 새삼스레 인식하던 20여 년 전을 거슬러 올라가는 일본 유학생시절의 이야기다.

당시 나는 경주의 양동마을 관가정觀稼亭에서 남부지방에서는 보기 드문 'ㅁ'자 구조에 자연환경을 고려하면서 실용성을 겸비한 한옥의 주거구성을 배웠고, 청도 운문사 대웅전의 전통사찰 꽃살문에서 면 분할의

▎작열하는 태양빛을 머금고 한 송이 한 송이 꽃피워 올리는 배롱나무

비례와 자연물 이입의 조화에서 전통의 아름다움을 읽어 들였다.

안동 병산서원의 강학공간인 입교당立敎堂의 우물 '井'자 마루에서 느껴지는 소나무 결의 촉감을 지금도 기억한다. 무엇보다 입교당 뒤로 훤히 뚫린 세 개의 여닫이 문 사이로 흐드러지게 핀 배롱나무 꽃의 장관을 잊을 수 없다.

때때로 여행을 다니는 중에도 나는 자연이 있는 곳이나 전통문화가 있는 곳을 즐겨 찾았고, 그 중 서원탐방을 자주 했었다. 그럴 때마다 한 나무에 매료되었다.

한창 초록이 절정을 달하며 열매를 실하게 익혀가는 성하盛夏의 계절

2004년 병산서원 입교당(立教堂) 마루와 뒷쪽의 배롱나무

에 붉은 꽃을 한가득 달고 있는 배롱나무는 나를 매료시키기에 충분했다. 그 붉음은 강렬하게 각인되어 있었다.

#2. 초등 5학년이 될 무렵, 성장통이 오면서 걷거나 뛰면 무릎과 발뒤꿈치가 아팠다. 어머니를 따라 침을 맞으러 한의원에도 가봤지만 별 차도가 없었는데, 할머니는 느릅나무 가지를 찧어 헝겊에 싸서 붕대로 칭칭 감아주며 독소를 빼내는 게 좋다 하셨다. 아파하는 손자가 안쓰러워 지극정성으로 처방해준 할머니의 민간요법이지만 원인은 성장하면서 뼈와 뼈 사이의 간극 때문이지 다른 이상 때문은 아니었다.

배가 아플 때에도 할머니는 따뜻한 손으로 아랫배를 쓰다듬거나 콕콕 눌러가며 "모개같이 아무따나(아무렇게나, 탈 없이) 크지, 내 손이 약손이다. 우리 강아지(손자) 얼른 나사라(빨리 나아라) 후세(얼씨구 좋다 같은 추임새)" 하며

▎붉은 자미화(紫微花) 배롱나무 꽃

배를 어루만져주셨다.

　이때 '모개'는 무엇을 의미하는 것일까? 사과나 감 같이 매끄러운 모양이 아니라 약간 비뚤어지고 울퉁불퉁하며 딱딱한 모과를 말하는 것이다.

　애먼 모과에 빗대어 조금 못생겼어도 알차게 여물어지라는 뜻으로 불러주던 할머니의 약손 자장가였다. 그 시절의 할머니가 그리워진다. 그 사랑이 아직도 따뜻한 온기로 남아 있다.

단심丹心의 배롱나무

　'배롱나무' 하면 떠오르는 또 다른 장면이 있다.

　10여 년 전, 부산의 인문학 단체들과 남도문학기행 워크숍을 갔을 때, 출산휴가로 쉬고 있던 만삭의 아내와 어린 딸 지아도 함께 갔었다. 때때로 세찬 소낙비가 내려 쉬이 자연을 감상 못하다가 담양 명옥헌鳴玉軒에 다다랐을 때, 비를 피해 툇마루에 걸터앉아 보는 배롱나무 군락이 장관이었다.

몇 년 뒤, 뱃속에 있었던 아들 지안이를 데리고 다시 담양 여행에 나섰을 때, 명옥헌에 들러 실컷 배롱나무의 붉은 꽃을 만끽하고 왔던 추억이 새록새록하다.

백일홍百日紅나무라 불리는 배롱나무는 붉은 꽃이 100일 동안 오래 핀다고 불리어진 이름인데, 원추형의 꽃차례를 이루며 콩알만 한 수많은 꽃봉오리가 아래에서 차례로 피면서 오래도록 꽃잎을 달고 있는 것이지 한 꽃이 오래도록 피는 것은 아니다.

배롱나무는 백일홍나무가 연음連音으로 '배기롱'으로 변했다가 '배롱'으로 된 것이라 한다. 중국 당나라 장안의 자미성에 많이 심어졌다 하여 자미화紫微花라고도 한단다.

주로 짙은 분홍색 꽃이 많지만, 자주색, 흰색도 있는데 붉은 꽃은 '변하지 않는 마음' 단심丹心을 상징하고, 고려 말의 충신 정몽주가 이방원의 회유에 단심가丹心歌로 자신의 절개를 드러냈듯이 예로부터 변치 않는 마음을 의미하기 때문에 조상을 모신 곳이나 사당 등의 제향 공간, 학문의 공간(향교, 서원), 사찰 등에 주로 심어졌다 한다.

꽃이 오래 피는 특징 외에도 껍질을 벗어내며 반질반질한 얼룩무늬가 또 다른 매력인데, 다른 나무들이 열매를 맺어갈 때 배롱나무는 애써 다른 삶을 쫓지 않고 자신의 삶에 충실하면서 껍질을 한 겹 한 겹 벗어내고, 꽃을 한 송이 한 송이 피워 올리며 세상과 당당하게 마주한다. 그 생의 모습이 참 아름답다.

명옥헌鳴玉軒에서 마주했던 배롱나무에 홀려 이듬해 어린 나무를 심고 잘 키워왔는데, 해마다 태풍을 맞을 때면 쓰러지기를 반복해가면서도 뿌리채 꺾이지 않고, 꿋꿋하게 생을 이어오며 연구소 한 쪽에서 멋진 자태로 존재감을 드러내고 있다.

장맛비를 뚫고 한 송이 한 송이 피워 올리는 배롱꽃 너머로 흩어진 구름과 작렬하는 태양빛이 참 좋은 7월의 끝자락이다.

못생겼지만 향을 내는 모과나무

"아무따나(아무렇게나, 탈 없이) 모개같이 커라"는 할머니의 약손 자장가에서 '모개'는 오히려 정감어린 이름이다. 경상도식 애정표현으로 "어이구 모개야~"할 때도 정말 못나서 모개라고 놀리는 게 아니라, 좋음을 직설적으로 표현 못하고 돌려서 얘기하는 것이라 하겠다.

"어물전 망신은 꼴뚜기가 시키고, 과일 망신은 모과가 시킨다."는 속

▌4월의 모과나무 꽃

▌가장자리에 작은 톱니가 있는 모과나무 잎

담이 있지만, 이는 모과의 겉모습에 대한 선입견에서 나온 말일 것이다. 아름다운 꽃에 놀랐다가, 열매가 못생겨서 놀라고, 그렇지만 열매의 향이 좋아 놀랐는데, 맛이 시고 떫어 또 놀라고, 그런데 그 열매를 차로 만들어 먹으니 맛있고, 이로운 약재(기관지질환, 피로회복, 소화불량, 각기병)로도 쓰임이 좋아 놀란다는 이야기 역시 좋지 않을 것이란 외모로부터의 선입견과 그를 깨는 실제 모과의 매력에서 비롯된 말일 것이다.

못생긴 모개, 모과는 한자어 목과木果가 발음과정에서 충돌을 피하기 위해 활음조滑音調현상으로 'ㄱ'이 탈락하여 모과가 된 것이며, 열매의 모양과 색에서 '나무에 열리는 참외'라는 뜻으로 목과木瓜로 표기된다.

장미과의 꽃답게 다섯 장의 분홍색 꽃이 4월에 피는데, 수꽃양성화로 가지 끝에 달리며 어긋나기잎은 가장자리에 작은 톱니가 있고 뒷면에는 샘털이 있다. 무심코 보는 사람에게는 꽃을 볼 겨를도 없이 개화기간이 짧다. 껍질 역시 배롱나무처럼 벗겨지며 얼룩무늬가 생기는 특징이 있다.

익은 모과는 달콤한 향을 내뿜는다. 익기 전에는 딱딱하고 떫은맛으로 과육을 탐하는 동물이 적고, 익어서는 달콤한 열매를 먹고 씨앗을 퍼뜨리는 동물을 유인하기 위한 그만의 생존전략이겠는데, 요즘의 모과는 익어도 향이 덜한 듯하다. 옛사람들의 삶은 빈한했을지라도 나름의 사람향기가 있었는데 비해, 요즘은 예전보다 나아진 삶에도 사람의 향기가 없는 것과 흡사하다.

과실이 달리는 나무도 예전의 나무들은 약을 치지 않고도 열매가 잘 달리는데 요즘 나무들은 약을 치지 않으면 제대로 안 되는 것과 마찬가지이다. 세월 따라 퇴색해져가는 사람의 향기처럼 모과도 고유의 매력을 잃은 것이 아닐까 생각해보게 된다.

십수 년 전, 청주를 다녀오는 길에 어린 묘목을 사와 심었던 모과나무가 태풍에 가지가 찢어지는 시련이 있었어도 잘 자라고 있다. 올해는 유독 병충해가 심해 잎사귀도 열매도 부실하지만, 껍데기를 벗고 새로운 삶을 찾아가는 매미의 도약대가 되어주며 자신 스스로도 허물을 벗어가며 꿋꿋하게 생을 이어가고 있다. 그 자체로도 향기로운 생의 모습이다.

나무와 닮았을 선비의 삶

삿갓세 되롱의 입고 細雨中에 호뫼 메고
(삿갓에 도롱 입고 이슬비 중 호미 들고)
山田을 훗매다가 綠陰에 누어시니
(산밭을 흩매다가 녹음 아래 누웠는데)
牧童이 牛羊을 모라다가 잠든 날을 깨와라
(목동이 소 양 몰아와 잠든 나를 깨우네)

한때 서원탐방에 심취했던 때가 있었다. 교육학을 배우던 학도들과 함께 대구 현풍의 도동서원을 다녀오며 읽어본 한훤당寒暄堂(김굉필/1454~1504/1504년 갑자사화 때 무오 당인이라는 죄목으로 극형에 처해졌다. 우리나라 유학사의 정통을 계승하며 당시 사대부들의 귀감이 되었고, 학문적 성과와 교육적 공적을 크게 평가 받아 정여창, 조광조, 이언적, 이황과 함께 오현五賢으로 문묘에 종사되었다) 선생의 시조이다.

한훤당 선생은 권모술수權謀術數가 난무하는 파쟁과 모함을 벗어나기 위해 초야에 묻혀 전원을 노래하며 안식으로 충만한 삶을 살고자 하였을 것이다.

사람을 다스리는 것(治人)보다 스스로를 다스리고자(修己) 했던 선비의 모습은 애써 다른 삶을 쫓지 않으며 작렬하는 태양 아래 붉은 빛을 오랫동안 발하는 배롱나무처럼, 뜨거움을 온몸으로 받아 들여 스스로의 허물을 벗고 내면의 향기를 만들어가는 모과나무의 생과 닮았을 것이다. 그의 곁에 왠지 배롱나무와 모과나무가 함께 있었을 것만 같다.

자기철학 분명한 선비의 나무, 배롱과 모과는 그렇게 열정의 여름과 함께 색을 발하며 익어가고 있었다.

| 비뚤어지고 울퉁불퉁한 모과

여름은 물성物性 탐구의 시간

어원을 생각하며, 물성을 생각하며
누가, 언제, 어떤 의미로 해석하느냐에 따라
나무를 통해 물성과 세상의 이치를 탐구하다

물성으로 읽어 들이는 세상 이치

7월까지 지루했던 장마는 요란한 비를 뿌리고 달아났다.
 이윽고, 대서大暑라는 이름답게 본격 찾아온 무더위는 8월이 되며 일상을 더 지치고 힘들게 만들고 있다. 그래서 대부분의 많은 사람들은 휴가 기간을 가지며 산으로, 계곡으로, 바다로 더위를 피해 떠난다. 자연이 있는 곳으로 떠나든, 떠나지 않든 에너지 소모가 큰 계절임에는 틀림없다.
 이 요란한 계절을 우리는 왜 '여름'이라 부를까? '열매가 열었다'에서 '열었다'의 명사형 '열음'이 여름이다. 이는 곧 '열매의 계절'이란 뜻으로 갖가지 열매들이 열리고 익어가는 계절을 의미하는 것이다.
 사람들을 불편하게 하고, 에너지를 더 많이 소모하게 하는 여름의 무더위가 오히려 식물들에게는 활발한 광합성을 하게 하여 열매를 실하게 만들기에 좋은 계절이다.

사철 푸른 황칠(黃漆)나무의 잎과 열매

열매를 보기 전에 꽃을 쳐다보면 이른 봄에는 잎이 돋아나기 전 매화, 목련, 벚꽃이 흰 자태를 뽐낸다. 마치 자신이 봄을 알리는 전령사가 먼저 되겠다는 듯 앞다투어 꽃부터 피어 올리는데 광합성을 할 잎이 아직 없기에 꽃 색깔을 만들어 낼 에너지가 부족해서 흰색일 것이다. 때로는 생강나무, 산수유, 개나리처럼 노란 꽃으로 존재를 알리는 나무들도 있다.

초여름이 되면서 아까시, 이팝, 때죽 같은 나무들은 또 흰색 꽃을 피운다. 더욱 싱그러운 초록으로 만들기 위해 에너지를 잎에 집중한 탓에 꽃 색깔이 옅어진 것이리라.

그러다 잎을 짙은 초록으로 다 물들이고, 본격 여름이 되면서 피는 꽃들은 모양과 색깔이 다양하고 화려해지며 요란한 움직임을 하고 있다. 여름 꽃들은 다른 계절의 꽃들에 비해 빗물과 햇빛을 더 많이 머금고 싱싱하게 자란 잎이 광합성 작용을 활발히 하여 모양과 색에 쏟을 에너지가 더 많기 때문이다 이해를 해보면 어떨까 싶다.

나무도 기후환경에 따라 색을 달리 하는데, 열대우림의 나무들은 대체로 무늬가 화려하며 찐한 색을 발한다. 꽃도 열매도 형형색색 다양하고 화려하다.

이는 개체수가 상대적으로 많은 고온다습한 지역에서는 경쟁에서 살아 종족을 유지, 계승하기 위해 곤충, 새 같은 매개 동물들을 불러들이기 위해 눈에 띄는 모양과 색을 갖춘 것이라 생각된다.

사람도 햇빛이 적고 추운 지역의 사람들은 피부가 하얗고, 온대지역은 황색, 열대지역은 검붉은색이 많은 걸 생각해보면 더 이해가 쉽겠다. 전 세계 인구의 분포를 보더라도 더운 지역의 인구가 압도적으로 많으며, 또 이 지역의 옷이나 장신구들을 보면 화려한 색에 다양한 무늬들이 발달해

여름 햇빛을 받으며 푸름을 더해가는 황칠나무

반짝이는 별을 한데 모아놓은 듯 한 황칠나무 열매

있음을 알 수 있다.

자연의 세계나 사람 세계의 원리도 비슷하다 생각되어진다. 물성으로 읽어 들이는 세상의 이치다.

샛별의 반짝임과 함께 크는 황칠나무

지난 초여름까지 아이들은 서쪽 하늘을 올려다보며 가장 반짝이는 별이 '엄마별'이라며 찾았다. 그러다 장마가 이어졌고, 초저녁의 서쪽하늘에서 그 별을 볼 수 없자 아이들의 별 찾기는 뜸해졌다.

일에서 돌아와 저녁에 개밥을 주면서 바라보는 별이라 '개밥바라기별'이라 불리는 이 별은 초저녁 서쪽에서 보이다가 점점 남쪽하늘에서 보이고, 동쪽하늘에서 나타날 때는 새벽녘이 된다. 이때는 새벽을 알리는 별, 새롭게 뜨는 별 '샛별'이라 부른다.

금성(金星/Venus/지구보다 공전 궤도가 작고 지구에서 관측할 수 있는 천체 중 태양, 달에 이어 세 번째로 밝다)이라는 하나의 대상을 바라보며 누가, 언제, 어떤 의미로 해석하느냐에 따라 불리는 이름도 달라진다.

보통의 여름 꽃들과 열매들에 비해 소박한 자태에 조용히 햇빛을 받아들이고 있는 나무가 있다. 사계절 푸른 잎을 하고 있는 황칠黃漆나무인데, 대부분의 활엽수들이 잎을 떨어내는 겨울이 되면 그 존재감이 확연히 띄는 나무이다.

아주 추운 날은 잎이 오그라들며 얼다가도 다시 햇빛을 보면 언제 그랬냐는 듯 초록의 잎을 반짝거리며 주변의 무채색 속에서 그 푸름을 발하는 나무인데, 오히려 여름에는 무성한 푸른 잎들과 화려한 꽃들에 밀려나 있는 듯 하면서도 묵묵히 생을 이어가는 모습이 대견스럽다.

햇빛을 좋아하는 나무라 하지만, 오히려 어두운 밤이 되면 내 눈에 더 들어오는 나무이다. 늦은 밤, 연구소에서 공부를 하다가 창 너머로 바로 보이는 나무인지라 달빛, 별빛 아래 초록의 잎이 더 반들거리는 풍경이 나에게는 익숙하다.

새벽까지 오랫동안 이런저런 공부가 이어지다가 다시 창밖을 바라볼 때 쯤, 샛별의 반짝임과 함께 달빛 아래 잎을 반짝이는 황칠나무가 오버랩 되는 풍경은 한여름의 무더위를 날리는 청량감으로 다가오기에 충분하다.

2015년, 아들 지안이가 태어나고 이듬해 서울을 다녀오는 길에 충북 옥천의 묘목상에서 공작단풍(수양단풍)을 사다 심고, 귀하게 자라라는 뜻으로 '지안나무' 라 명명하였다. 3~4년 잘 잘 키워오다가 갑자기 죽어 그 자리에 대체 나무를 고민하던 나는 경북 상주에서 어린 황칠나무를 데려와 옮겨 심으며 새롭게 '지안나무' 라 이름지어주었다.

황칠나무처럼 늘 푸르고, 세상에 쓰임 있는 사람이 되라는 의미로 심고 이름을 붙인 것이다. 몇 년 사이 확실히 뿌리를 내리고 연구소의 앞마당에서 '엄마나무' 호두나무와 함께 무럭무럭 자라고 있다. 타원형의 열매가 올망졸망 모여 있는 모습이 반짝이는 별을 한데 모아놓은 듯하다.

만병통치萬病通治나무, 쓰임 많은 푸른 나무

황칠黃漆나무는 두릅나무과에 속하는 상록교목으로 우리나라 완도를 비롯해 보길도, 거문도 등 남해안에 분포하는 국내 자생의 특산종 나무이다. 수술과 암술이 한 꽃에 있는 양성화로 수술은 다섯 개이고, 암술대는 네다섯 개가 뭉쳐있는데 꽃말은 효자(효심)라 한다.

사계절, 늘 푸른 상록수지만 노랗거나 약간 붉게 단풍이 들기도 하는 잎은 어긋나기로 달리며 나무가 어렸을 때는 잎이 갈라지고, 큰 나무가 되어가며 타원형으로 변하면서 앞면에는 광택이 있다.

학명은 'Dendropanax morbiferus' 로 그리스어 'Dendro' 는 '나무' 를 의미하며, 'panax' 는 '만병통치' 를 뜻하고 있다. 'panax' 를 쓰는 인삼, 가시오가피와 함께 3대 약용식물 중 하나로 사포닌(saponin) 성분을 많이 함유하고 있어 혈류 개선, 면역력 강화, 자연치유력 활성화에 좋고, 베툴린산(betulinic acid)이 많아 항암작용, 피부미용, 화장품 원료로

| 일본에서의 칠 작품 활동 – 토분에 옻을 배합하는 장면

| 2004년 숯가루와 노란색 안료를 배합하여 옻칠한 작품

도 쓰이며 '만병통치萬病通治나무'라 불리어진단다. 새순과 줄기, 가지를 말려 차로 마시거나 진액을 흰 가루로 만들어 먹는다 한다.

 요즘은 줄기와 잎, 열매 등이 약용으로 각광받고 있는 나무지만, 예로부터 황금빛 전통도료(칠감)나무로 주목을 받았고, 해상왕海上王 장보고(미상~846/한중일 사이의 바다를 장악한 통일신라 무장이자 무역상)의 교역물품 중에서 황칠이 최상품으로 취급되기도 하였다 한다.

 다산茶山(정약용/1762~1836/조선후기 실학자) 선생의 [여유당전서](與猶堂全書/다산선생의 저술 154권 76책을 총 정리한 문집)에는 〈황칠〉이란 시가 있다 한다.

 "그대 궁복산(弓福=장보고의 어린 시절 이름=완도의 상황산)에 가득한 황칠나무

못 보았는가? 금색 칠한 듯 꽃들이 반짝반짝 빛을 내고, 껍질 벗기고 즙 받기를 옻칠 받듯 하면 아름드리 나무라야 겨우 한 잔에 찰랑거릴 정도."

귀하고 채취량이 적은데, 특산물 공납을 요구하는 관리의 횡포가 심해 완도 백성들이 황칠나무를 '악惡의 나무' 라 이름 짓고, 밤에 도끼로 찍어 훼손하는 상황을 강진 유배 당시의 다산 선생이 보고 지은 시라 한다.

이렇게 황금빛을 내는 황칠은 황칠나무에서 채취되는 것으로 8~9월에 나무 표피에 상처를 내면 액체가 나오는데 이를 채취하여 정제 후, 칠하기를 반복하면 점차 공기에 산화되어 황금색을 띄는 것이라 한다. 옻칠과 같이 가구, 금속, 도자, 가죽제품의 도료로 쓰이며 방부성, 방충성, 내수성, 내열성이 우수해 칠 가운데 으뜸으로 꼽았다 한다.

소싯적, 가구디자인을 전공하며 작품제작을 할 때, 마감을 옻칠로 해 본 경험이 있다. 그렇기에, 칠이라는 과정이 얼마나 많은 손이 가며 어렵고 비용이 많이 드는지를 안다. 작품 활동 할 때 한국에서는 래커, 우레탄 등 화학도료로 마감을 했고, 일본에서는 주로 밀랍으로 마무리했는데, 지도교수가 칠을 주로 했던 분이기에, 그 영향으로 칠을 접할 수 있었다.

그렇지만 미적 표현을 위한 한 기법으로서, 또는 기물을 제작하여 마감재로 쓰는 용도로서 칠을 이야기할 뿐, 칠이라는 자연물이 가진 성질과 그 칠을 뿜어내는 나무에 대해서는 제대로 배우지 못했던 아쉬움이 있다.

'칠漆' 이라는 한자의 뜻을 풀어보자. 물(水)에 의해서 만들어진 나무(木)를 사람(人)이 다시 그 물(樹液)을 이용한다는 말뜻이 의미심장하다.

칠漆은 일반적인 사물의 건조 과정과 달리 덥고 습할 때, 건조가 더 잘 되는 특성이 있다. 여름이 그 적기이다. '열매의 계절' 여름은 무덥고 힘들어도 그 이면에는 또 다른 장점들이 많이 있음이리라.

　나무를 가꾸며 나무의 진면목을 알아가는 중에 물성에 대해서도 더 깊이 탐구하게 된다. 언젠가 직접 황칠나무의 새순을 채취하여 차로 만들어 마셔보리라 계획을 해 본다.

　황칠을 하면 사물이 더욱 견고해지고 빛을 발하듯, 팔을 다친 아들 지안이가 얼른 나아 더 튼튼하게 커가기를 바란다. 황칠나무의 푸름과 쓰임처럼 세상에서 존재가치를 발하며 무럭무럭 성장해가기를 바란다.

▎2023년 8월의 황칠나무(지안나무) 앞에 선 아들 지안

소확행, 그 속에 담긴 나무

화분에 물을 주고, 꽃을 관찰하던 작은 행복
나무를 심고 가꾸어 가는 과정에서 누리는 행복
소소하지만 확실한 행복은 내 안에 있었다.
내 주변의 나무들도 그 안에 있었다.

청춘의 모습을 담고 있는 란타나

한때 청운靑雲의 꿈을 안고 공부를 하러 나갔던 도쿄에서의 생활은 천성산 아래 시골 출신의 나에게 있어서는 때때로 갑갑함으로 다가왔다.

학교는 외곽지대라 주변에 밭과 개울도 있고, 잘 조성된 공원이 곳곳에 있어 산책도 하며 나무의 기운을 느낄 수 있었지만, 직장생활을 하던 도심에서는 만원의 전철을 갈아타고 출퇴근하면서 빌딩숲과 첨단 디자인의 건축물 아래 가로수 외에는 나무를 잘 만날 수 없는 환경에 답답했었다. 허울 좋은 유학생활 이면의 불투명한 앞날에 대한 걱정과 외로움도 있었다.

그런 객지의 홀로살이에서 위안을 찾으려 애썼는데, 작은 화초를 몇 가꾸면서 하루하루 변해가는 모습을 유심히 관찰하며 즐거움을 찾던 그때의 기억이 생생하다.

가꾸던 꽃들 중에는 당시 한국에서는 보기가 드문 란타나(Lantana)가 있었다. 지금은 많이 보급되어져 일반 가정이나 정원을 잘 꾸미고 있는 카페 등에 들러보면 볼 수 있다. 원산지인 열대 아메리카에서는 잡초로 취급될 만큼 흔하다는데, 주로 꽃을 보기 위한 관상용 식물이라 초본식물로 인식하기 쉬우나 소관목小灌木, 즉 키 작은 나무이다.

란타나는 바깥에서 안쪽으로 꽃망울이 하나씩 피어나며 여러 색이 그라데이션(gradation) 되어 한 송이를 이루고 있는데, 늘 같은 색이 아니라 카멜레온처럼 색이 바뀌는 특징으로 일곱 번 변한다는 의미의 '칠변화七變花'라는 별명을 갖고 있다 한다. 아이러니하게도 꽃말이 '변하지 않음'과 '엄숙'이라는데 별명과 어울리지 않는다. 컬러풀한 외형의 유니크(Unique)함과는 더 더욱 대조되는 꽃말이다. 그 유래가 사뭇 궁금해진다.

시간이 지나면서 빨강, 노랑, 분홍, 다홍, 보라 등 여러 색으로 동그랗게 꽃차례를 이루며 오므리고 있던 꽃봉오리들이 조용히, 그러나 화사하게 변해가는 모습이 신기해서 새벽에도 멍하니 들여다보며 유학생활의 쓸쓸함을 잊곤 했었다. 집으로 오자마자 화분에 물을 주며 또 어떤 색의 꽃을 피워 올리고 있는지 관찰하며 작은 행복을 느끼던 풋풋했던 청춘의 모습이 란타나 꽃 속에 담겨 있다.

숲을 이야기하기에 앞서 나무 한 그루

얼마 전, 산림 관련의 한 간담회에 참석하였다. 나무가 아니라 산림을 이야기하는 자리라 큰 관점의 이야기들이 주로 기관 관계자들을 통해 다뤄졌다. 하지만, 산림을 논하기에 앞서 나무 한 그루에 대한 이야기가 없어 아쉬웠다.

색색깔 피어나며 일상의 소소한 행복을 그대로 표현하고 있는 듯 한 란타나

꽃망울을 올리고 있는 란타나

　흔히 하는 말로 "나무를 보기 전에 숲을 보라"는 이야기가 있는데, 이는 작은 하나하나를 보는 것이 아니라 장기적인 관점에서, 그리고 거시적인 관점에서 전체를 살피는 것이 올바른 방향과 방법임을 이야기하는 것이겠다.

　우리나라는 핀란드, 일본, 스웨덴에 이어 네 번째로 높은(국토의 63%가 산지) 산림국가가 되었지만, 67% 가량이 사유림이다. 한 개인 개인이 가진 산림 규모의 영세성(산주의 91%가 5ha 미만 소유)을 비롯해 투자 회수의 장기성과 낮은 수익률, 힘든 노동 등의 어려운 이유로 산림경영, 즉 숲 가꾸기와 활용이 어려운 구조이다.

　게다가 사유재산이지만 공익적 가치 보호를 위해 각종 규제와 제한이 많고, 자연재해를 입어도 복구는 산주 개인의 몫으로 이뤄져야 하는 것이 다반사라 산림을 통해 경제적 활동을 하거나 가꾸어 나가는 것이 어려운 현실이다.

내가 사는 양산 지역은 경남에서도 네 번째로 높은(74.9% / 산청 77.5%, 거창 76.6%, 함양 76.5%) 산림을 보유하고 있지만, 거의 90%가 사유림인데다 상당 부분이 개발제한구역이며, 제한구역이 아닌 지역은 도시화, 산업화로 개발 압력이 가중되어 가고 있다.

시대 흐름에 따라 자연휴양림 조성이라든가 하는 산림복지 서비스가 요구되어지지만, 산림을 보유한 산주들에게는 실질적 혜택 없이 다수를 위한, 공익을 위한 요구가 증가하는 지역이다. 산주 개인들에게 나무를 가꾸고, 숲을 보전해야 하는 짐이 있을 뿐, 대다수의 일반인들은 산림을 보유하며 보전해나가고 있는 산주들의 애환은 잘 모를 것이다.

나는 간담회에서 "산림을 가꾸고 있는 산주들의 실질적 이익과 만족도가 높아야 산림을 통한 공익을 기대할 수 있을 것이다."며 내 소견을 이야기하였다. 큰 것, 넓은 것을 바라보는 것이 중요한 것이 아니라 작고, 세심하게 들여다봐야 하는 이유가 있다. 숲도 중요하지만, 숲을 이루고 있는 나무 한 그루 한 그루가 중요한 이유가 있음을 이야기하고 싶었던 것이다.

소득 없는 산이지만, 철마다 산에 가서 풀을 베고, 해마다 조금씩의 나무를 심어가고 있다. 꼭 소득이라는 결과가 있어야만 행위를 하는 건 아니다. 가꾸어가는 과정에서의 내 만족감이다. 나무를 심고 가꿔 본 사람만이 느끼고, 누릴 수 있는 행복감이다.

소소하지만 확실한 행복

우리들은 과정에서 누리는 즐거움보다 결과를 중시하는 성취 지향의 세상사에서 비극적인 소식을 종종 접한다. 뭔가를 열심히 했는데 리스크(Risk/위험요소)라든가 공허함이 커진다면 우리는 정말 행복하다 이야기할 수 있을까? 행복의 의미를 다시 생각해봐야 하지 않을까?

[곡선으로 승부하라]에서 저자(유영만, 고두현 공저)는 미국의 심리학자 에드 디너(Ed Diener)의 말을 빌려 '행복' 이라는 추상적 개념 대신 '주관적

▎풀을 베고, 나무를 심어가며 가꿔가고 있는 산

안녕감' 이란 개념을 이야기하고 있다. 행복은 객관적으로 결정되기 보다는 주관적 신념과 가치관에 따라 결정되는 개념이라는 것이다.

행복은 나라나 민족, 국민이나 조직의 문제가 아니라 가장 구체적인 자신의 문제이고, 외부에서 주입된 잣대에 자신을 끼워 맞춘다고 찾아오는 것이 아니라는 것이다.

"자신의 주장, 자신의 철학을 이야기하는 것은 성공한 일부의 소수에게만 주어지는 특권인가?", "한국 사회에서 자신의 생각을 이야기하는 것은 위험한 일일까?", "당신은 행복해지고 싶은 것인가?, 행복해 보이고 싶은 것인가?" 라고 저자는 되묻고 있다.

나무는 울창한 숲에 가야만, 명산에 가야만 볼 수 있는 것이 아니다. 크고, 오래된 나무라야만 이야기할 수 있는 것도 아니다. 집 주변 울타리의 작은 나무는 물론이거니와 집안에서 기르는 꽃나무 화분 하나도 정성 들여 가꾸다보면 소확행을 맛볼 수 있을 것이다.

언젠가부터 일상용어가 된 듯한 '소확행'은 소소한 일상에서 느낄 수 있는 작지만 확실하게 실현할 수 있는 행복이나 그런 행복을 추구하는 삶의 경향을 뜻하는 축약어이다. 큰 꿈을 버리고 현실에 안주하는 의미가 아니라, 내게 주어진 생과 내가 가진 것에 감사함을 갖고 일상 속에서 작은 즐거움과 만족감을 찾는 것을 의미하는 것이겠다.

4~5년 전 쯤인가, 정원의 울창해진 남천(南天竹/南天燭) 뿌리를 캐내어 자잘하게 나눈 뒤, 연구소 뒤편에 울타리를 만들려고 심었다. 한 뿌리에서 쪼갠 뿌리가 30촉이 넘는다. 몇 년 지난 지금, 일렬로 늘어서 어른 가슴팍까지 자란 남천은 푸른 열매를 알알이 매달고 뜨거운 햇살을 받으며 열매와 잎이 익어간다. 가을에는 빨간 단풍으로 물든 모습으로 변신을

| 알알이 초록으로 맺혀가는 남천 열매

하고, 또 겨울 되면 빨간 열매를 매달고 주변의 무채색 속에서 붉게 그 존재감을 드러낼 것이다.

뿌리 하나의 힘이 대단한 생명력을 보여준다. 뿌리 하나가 나무를 키워가는 기쁨을 배가(倍加)시켜 행복함을 느끼게 해 준다.

얼마 전, 아이들과 완도, 강진, 장흥의 바다와 산으로 여행을 다녀오며 자연 속에서 즐거운 추억을 만들고 돌아왔다.

남도에는 황칠나무와 동백나무가 많았는데, 아들 지안이는 자신의 나무를 황칠나무로 가꿔가고 있는 아빠에게 황칠나무의 매력에 대해 열심히 물어온다. "늘 푸르고 쓰임이 많은 나무"라 들려주니 가는 곳곳마다 보이는 황칠나무와 인사하며 자세히 들여다본다. 순수의 모습을 간직한 아들의 모습에서 소확행을 느껴본다.

대단한 여행이 아니어도 좋다. 함께 다녀갔던 곳을 다시 밟아 추억을 떠올려보는 것도 하나의 행복이며, 역사 속 인물을 만나 지식의 지평을 넓혀가는 것도 하나의 행복이며, 자연 속에서 다양한 나무와 동식물을 만나며 그들의 삶을 살펴보는 것도 하나의 행복이며, 가족과 맛난 음식을 먹고 함께 시간을 보내는 것도 하나의 행복이었다.

소소하지만 확실한 행복은 내 안에 있었다. 여행에서 돌아와 보니 내 주변의 작은 나무들도 소확행 그 안에 있었다.

| 2015년(상), 2023년(하) 강진 영랑선생 시비 앞에서 딸 지아와 함께

함께 다녀갔던 곳을 다시 밟는 행복

가을

꽃 진 자리 구멍으로 가을햇살을 빨아들이려 애를 쓰는 듯하다.
햇살도 그 속으로 스며들기 위해 속속들이 비추는 듯하다.
옷깃 사이로 찬바람이 스며드는 계절이다.
따스함 스민 삶이고 싶다.

헤아림, 은행나무를 들여다보며…,

계절이 오고감도 이유 있는 우주의 원리
유기적 생명을 인간 잣대로만 해석해서는 안 될 일
나무를 심고, 가꾸는 일은 삼라만상森羅萬象을 헤아리는 일

이유 있는 나름의 이름들

시간의 변화와 계절의 질서는 참 오묘하다.

처서處暑가 지나자 이내 더위가 수그러들더니 가을 기운이 물씬 느껴지기 시작한다. 더위에 걷어차던 이불도 새벽녘이면 감싸 안을 만치 밤의 기온도 제법 떨어지며 일교차가 커져간다. 하늘을 올려다보면 구름의 모양과 움직임에서도 확연히 여름의 느낌과는 다르다.

곧 풀잎에 흰 이슬이 맺힌다는 열다섯 번째 절기 백로白露이다. 얼마 전까지 전깃줄에 앉아 계절을 즐기며 잠자리와 나비를 낚아채느라 분주하던 제비들도 잘 보이지 않는다. 벌써 강남으로 돌아간 것일까?

옛 농부들은 '백로에 비가 오면 십리十里 천석千石을 늘인다.'며 풍년의 징조로 여기며 농사의 풍흉豐凶을 점치고 벌초를 진행했다 한다.

여름 농사를 다 마치고 추수 때까지 잠시 일손을 쉬어가며 자연의 움

▌포도송이처럼 주렁주렁 매달린 은행

▌노랗게 물들어 떨어진 은행나뭇잎

직임 따라 생활을 달리 했던 옛 농경사회의 모습과는 달리, 기계문명 현대인들의 삶은 어제나 오늘이나 내일이나 바삐 움직이며 기계 속에서 시간의 변화에 둔감해지지는 않았을까, 또는 기계의 한 부분이 된 것은 아닐까 생각해보게 된다.

가을은 왜 가을일까? 가위를 사투리로 '가새' 라고 하는데, 우리말의 '갓' 은 '자르다' 는 의미이다. 가을은 '가실' 이 되고, 또 '가알' 로 변한 것이라는데, '가알' 의 구조를 보면 '갓+알' 로 '알곡(열매)을 자른다' 는 의미로 해석되어진다. 수확을 의미하는 것이다.

가을을 뜻하는 한자 '추秋' 를 분석해보면 '벼 화禾+불 화火' 의 회의會意 문자인데, '곡식을 불에 말린다.' 는 의미가 된다. '추秋' 는 원래 귀뚜라미나 메뚜기 같은 곤충 모양의 상형象形문자였다 하는데, 가을이 되면 우는 풀벌레 소리에 착안한 글자가 아닐까 싶다.

가을을 뜻하는 영어의 'fall' 은 해의 높이도 떨어지고, 기온도 떨어지며 잎이나 열매가 떨어지듯 아래로 떨어지는 자연현상을 보고 붙인 이름일 것이다. 5세기 경 유럽에서는 가을을 'Harvest(모으다/수확)' 로 불렀지만, 상류층과 지식인들 중심으로 '증가의 계절' 이란 뜻의 라틴어 'Autumnus' 에서 탄생한 'Autumn' 으로 쓰였는데, 다시 '낙엽' 이란 뜻의 'fall' 이 사용되다가 19세기 후반부터는 'Autumn' 이 주로 사용되고 있다 한다. 문어체나 공식적인 자리에서는 'Autumn' 을, 일상적인 회화에서는 'fall' 을 주로 사용한단다.

문화는 다르지만 의미는 비슷하며, 다 나름의 이유가 있는 이름들이다. 계절이 오고 감도 이유가 있는 우주의 원리일 것이다. 나무 한 그루도 그럴 것이다.

나무, 역사와 삶을 잇는 매개체

갖가지 오곡백과五穀百果가 익어가는 이 계절에 눈길을 끄는 열매들이 있다. 사과, 배, 감 같은 열매들과는 달리 껍질 속에 다시 딱딱한 껍질을 이중으로 감싸고 있는 은행, 호두, 밤, 칠엽수 같은 열매들이다.

특히 은행은 고약한 냄새를 풍기고, 밤은 뾰족한 가시로 바깥 껍질을 구성하고 있는데, 도심에서도 흔히 만날 수 있는 은행나무 이야기를 해보며 기억 속에 자리하는 은행나무를 몇 끄집어내어 본다.

하나, 일본 유학시절의 목공작업실 뒤편 운동장 가장자리를 에워싸고 있는 은행나무인데, 때때로 축구를 하며 만나는 은행나무는 초록에서 노랑으로 색을 갈아입으며 눈도 시원해지고, 허전한 객지생활의 마음을 풍요롭게 해 주었었다. 그 은행나무 아래에서 작품과 프로필 사진을 찍던 기억이 새록새록하다.

둘, 한국으로 돌아와 한창 청주를 오가며 일을 할 때, 청주에서 데려

| 껍질을 이중으로 감싸고 있는 호두

| 껍질을 이중으로 감싸고 있는 칠엽수 열매

온 두 그루의 은행 묘목을 저수지 옆, 밭의 가장자리에 심고 10년을 키웠다. 몇 해 전, 둘레길을 조성하는 중에 시유지와의 경계지점에 있었던지라 10년의 가꿈이 무색하게 일순간에 포클레인으로 뽑혀 사라지고 말았다. 행정은 나무의 변상에 아무런 답이 없었다.

셋, 오래전 충남 아산 여행 중, 맹씨 행단孟氏 杏壇에서 만난 한 쌍의 거대한 은행나무이다. 우리 역사를 통틀어 청백리淸白吏의 상징으로 추앙받는 조선의 명재상 고불古佛(맹사성 1360~1438) 선생의 삶의 자취와 함께 나무의 웅장함에서 큰 덕의 기운을 받았다. 당대 최고의 재상이라 하더라도 고택은 청백리로서의 삶의 흔적을 엿볼 수 있는 소박한 모습이었음도 기억에 깊숙이 자리한다.

그리고 서원탐방에 심취해있을 때 안동의 역동서원과 예안향교, 대구의 도동서원에서 만났던 선비의 기품이 베인 은행나무들, [토포필리아 양산] 인터뷰를 하며 만났던 웅상 용당마을 사람들의 삶과 함께 수백 년을 이어온 당산목 은행나무는 나무로서만이 아니라 역사와 사람들의 삶을 이해하고 읽어 들이는 하나의 매개체로서도 나에게는 인식되어져 있다.

은행나무의 정체성

은행나무는 소철, 메타세쿼이아와 함께 '살아 있는 화석'으로 불리는데, 씨의 껍질이 은빛처럼 하얗다고 은 '은銀'에 열매가 살구를 닮아 살구 '행杏'을 붙여 이름 지어졌다. 서양에서도 '은빛살구(Ginkgo)라는 이름으로 불리고, 금발처녀의 머리카락처럼 단풍이 아름답다고' 처녀의 머리(Maidenhair tree)'라고도 불린다 한다.

오래 산다고 '장수목長壽木', 자람이 더뎌 할아버지가 심으면 손자 대

2021년 용당마을 당산목(할아버지 은행나무)

(代)에 가서야 열매를 본다고 '공손수公孫樹', 잎이 오리발처럼 생겼다고 '압각수鴨脚樹'라는 별칭도 있다 한다.

전 세계적으로 은행나무과에는 오직 은행나무 1속, 1종만 있다 한다. 중생대(약 3억 년 전)부터 오늘날까지 존재하는 가장 오래된 나무라 하는데, 우리나라의 은행나무는 먼 옛날 중국(양쯔강 하류 천목산(天目山) 일대를 자생지로 추정)에서 유입되어 정확한 연대는 알 수 없으나 불교와 유교의 영향으로 유입되었을 것으로 추측한단다.

조선후기 실학자 홍만선(1643~1715)이 쓴 [산림경제]에는 악정을 일삼는 관원을 응징하는 상징으로 관가, 향교, 서원, 사찰, 문묘 등에 심었다고 기록되어 있다 하며, 총 23종의 은행나무가 천연기념물로 지정되어 있다 한다.

수령 1,200년 가량으로 추정하는 경기도 양평의 용문사 은행나무(천연기념물 제30호)는 신라의 마지막 왕자, 마의태자가 고려에 사직을 바친 나라 잃은 슬픔을 안고 금강산으로 가던 중에 심은 것이라고도 하며, 신라의 고승 의상대사가 짚고 다니던 지팡이를 꽂은 것이 자란 것이라고도 한단다.

이런 오래된 역사적 배경과 생물적 가치를 지닌 은행나무는 오래 살면서 수형도 아름답고, 결이 곱고 탄력성도 좋아 목재로서도 유용하게 쓰인다.

열매에는 생물성장 호르몬인 시노키틴(Cytokinin)과 지베렐린(Gib-berellin)이라는 성분이 있어 자양강장제로도 효과가 좋으며 혈액순환을 돕는 것으로도 알려져 있다. 잎에는 플라보노이드(Flavonoid)와 테르페노이드(Terpenoid) 성분이 있어 혈관을 확장해 콜레스테롤을 떨어뜨리며 혈

▎잎이 오리발처럼 생겼다고 붙여진 이름 압각수(鴨脚樹)

▎고약한 냄새를 풍기며 자신을 보호하는 은행

액순환을 촉진하는 의약품의 원료로도 쓰인다 한다.

 은행나무와 관련한 역사적 이야기나 의학적 이로움도 좋지만, 나는 열매에 주목한다. 그리고 우리의 삶과 연결 지어 본다. 얼마 전, 부산으로 현장학습을 나가면서 도로가에 늘어선 은행나무들을 마주했다. 동행한 지인에게 나무도 암수가 따로 있다 이야기하니 놀라워한다.

 특히, 은행나무는 암수가 따로 존재하며 씨방이 없는 겉씨식물이다. 씨방 속에 암술, 수술이 모두 들어있어 스스로 꽃을 피우고 열매를 맺는 속씨식물과 달리 바람에 날려 온 수나무의 포자를 받아야만 암나무가 열매를 맺는다. 엄밀히 말하면, 우리가 열매라 부르는 은행은 열매가 아니라 변형된 씨앗인 것이다.

 은행나무는 이 씨앗을 새나 다른 동물들이 먹지 못하게 빌로볼(Bilobol)과 은행산(Ginkgoic acid)이라는 고약한 냄새를 풍기며 보호를 하는데, 다른 생물들에게는 독하고 해로운 냄새지만 스스로에게는 훌륭한 방어막이 된다.

처음부터 열매를 맺지 않는 수나무만 심어 고약한 냄새를 안 나게 하였다면 어떠했을까? 십수 년 전, 국립산림과학원에서 DNA분석을 통해 어린 은행나무의 암수 구별 기술을 개발해 국제특허를 냈다 한다. 그 이후 점차 수나무로 교체하거나 암나무 제거작업을 하고 있다는데, 도시 미관상으로는 효과가 있겠지만 과연 식물에게는 어떠할까? 인간만을 위한 발상이지는 않을까 생각해보게 된다.

내가 사는 지역의 가로수 중 은행나무를 보면, 가지치기가 심해 모양이 볼품없거나 열매를 매달고 있는 암나무는 많이 보이지 않는다. 암나무 열매의 냄새 때문에 솎아 낸 것은 아닐까? 만약에라도 그렇다면 다시 고쳐 심기를 바란다. 은행나무를 전부 교체하지 않을 거라면 조화로운 관계 속에 인간과 더불어 살 수 있게 해야 할 것이다. 남자만 있는 인간 세계가 가당키나 하겠는가 말이다.

냄새나는 열매가 없는 은행나무는 쾌적한 도시의 모습에 일조를 할지 모르나 유기적 생명을 인간의 잣대로만 해석해서는 안 될 일이다. 매연을 잘 흡수하는 은행나무의 장점은 취하고, 단점이 있다고 버려버리는 인간만을 위한 생태계는 있을 수 없다. 은행 열매의 악취는 은행나무의 정체성이다.

나무를 심고, 가꾸는 일은 삼라만상森羅萬象을 헤아리는 일이다.

나무를 보며 각양각색各樣各色을 고민

아버지와 아들을 의미하는 두 그루 은행나무
모든 생명체는 자신의 정체성을 드러낼 때 행복
현실의 과제, 숲에서 나무를 쳐다보며 해법을 고민

중요한 의미체로 다가오는 나무

"여기 두 그루의 나무가 있는데 무슨 나무일까요?" 사람들은 주저 않고 "은행나무요."라고 대답한다. "네 맞습니다."

이어서 "나무도 사람처럼 남자, 여자가 있는데, 그러면 이 두 나무는 암나무일까요?, 수나무일까요?" 어떤 사람은 "암수 한 쌍으로 부부나무요." 또 어떤 사람은 답을 말할 내 입과 나무를 번갈아보며 대답을 머뭇거린다.

나는 이야기한다. "두 나무 모두, 수나무인데요. 제 생각에는 아버지와 아들을 의미하는 게 아닐까 싶습니다."

그랬다. 〈해설이 있는 문화예술제 각양각색各樣各色〉을 진행하며 '여는 이야기'의 현장 강의에서 나는 효충사孝忠祠의 좌우에 우뚝 선 두 그루의 은행나무 이야기를 했다. 그리고 지역의 선각자로 삶을 살다 가신

효충사에서 현장 강의 중 은행나무 이야기

석헌石軒 안종석 선생과 그의 아버지 율농栗儂 안병원 선생을 이야기했고, 시대를 훌쩍 넘어 관설당觀雪堂 박제상 충렬공과 그의 아들 백결百結 박문량 선생의 삶도 이야기하며 나무예찬론자로서 어떤 나무에도 나름의 의미를 이입하여 보면 달리 해석되고, 새롭게 인식되지 않을까 해서 이어 봤던 이야기였다.

안종석 선생(1909~1984)은 만고충신 박제상 공을 기리기 위해 1960년 사비로 효충사를 건립하며 지역의 정신적 상징체를 구축시켰던 분으로, 구국을 위한 다양한 사회활동과 교육 및 향토사의 발굴과 정리를 통해 지역문화 발전에 크게 기여한 근현대 지역의 선각자이다.

그의 아버지 안병원 선생(1882~1910)은 1905년 을사늑약 이후, 효충계

▎박제상 효충사의 부자(父子)은행나무

孝忠契를 조직하여 국권회복을 위한 의병의 자금조달 역할을 했지만, 28세의 이른 나이에 타계한 분이다.

 박제상(362~418) 공은 익히 잘 알고 있듯, 왜국에서 신라의 왕자를 구출하고 감언이설甘言利說과 협박으로 회유를 했음에도 나라에 대한 충절을 지킨 역사적 인물이다. 그의 아들 백결(414~?) 선생은 거문고 연주로 유명한 〈방아타령〉의 작곡가로 청빈한 삶을 살다 간 예술인이었다.

 아들 안종석 선생이 두 살 되던 해 아버지를 여읜 것이나, 아들 백결 선생이 네 살 되던 해 아버지를 여읜 것처럼 생전에 나누지 못했던 부자父子간의 정을 사후세계에 나무로 환생하여 함께 지역을 지키자는 의미가 아니었을까?

사당 양쪽에 우뚝 서서 동쪽 천성산의 기운을 받으며 함께 자리하고 있는 은행나무 두 그루의 모습은 그냥 나무가 아니라 중요한 의미체로 내게 다가온다.

각각의 모양과 색깔

대부분의 사람들은 나무를 이야기할 때 큰 나무나 오래된 나무를 주로 이야기한다. 그리고 얼마 전에 만났던 한 분은 돈이 되는 나무를 심어야 한다며 경제성을 먼저 이야기해온다.

숲이 어디 큰 나무나 오래된 나무로만 이루어졌는가?, 나무가 꼭 경제성이라는 돈으로만 환산이 되던가 말이다. 오히려 숲은 나무와 갖가지 식물들이 각자의 생을 살아가면서도 타협과 공존의 삶을 우리들에게 보여주고 있는데 말이다.

열매부터 맺고자 하는 나무는 꽃을 먼저 피우고, 열매를 늦게 맺는 나무는 잎을 먼저 돋아 올린다. 계절 따라 변해가는 여러 나무들의 잎과 꽃과 열매들을 틈틈이 사진 찍고 관찰하며 터득한 자연의 진리이다.

그 모양이나 색깔을 살펴보면 나무의 정체성을 감지할 수 있다. 어떤 생명체든 자신의 정체성을 드러낼 수 있을 때 행복하다 하겠는데, 사람도 각자 자신의 정체성을 드러낼 수 있을 때 행복할 것이다.

그렇지만, 집단을 중요시하는 우리 사회에서 개인이 정체성을 드러내면 결코 아름답게 비치지 않는다. 때로는 자기중심적으로까지 보이며 집단 속에 동화되기를 바라지만, 한 개인 개인을 두고 보면 각자 자신의 삶과 정체성에 대한 고민으로 모순의 구조 속에 놓여 있을 것이라 생각되어진다.

▎마가목 열매

▎팽나무 열매

▎황칠나무 열매

▎참다래 열매

    숲이라는 집단 속에서 저마다의 나무와 갖가지 식물들이 자신의 정체와 가치를 드러내며 고유의 모양과 색깔이 조화를 이룰 때 숲은 우리에게 아름다움으로 다가오겠지만, 결국 숲이란 것도 한 그루, 한 그루의 나무와 여러 식물들이 있어야 이뤄지는 것이겠다. 집단도 중요하지만 독자적인 한 존재의 소중함을 말하고 싶어 해 본 소리다.

    하늘의 모습과 구름의 색깔이 하루하루 다른 초가을 아침의 풍경은 보는 것만으로도 상쾌하다. 자주 가는 곳이지만, 봄의 모습과 다름을 찾아보려 같은 장소, 같은 나무를 관찰하기 위해 숲으로 향했다. 녹음 짙어가던 풍경이 어느새 노란 잎을 달고 짧아진 햇살을 더 받아보려 팔랑거리고 있다.

봄에 밭으로 데려와 심은 어린 층층나무와 팥배나무의 어미들도 만났다. "우리 새끼 잘 있나?"며 물어오는 것 같다. 나의 욕심으로 부모자식 사이를 떼어버렸지만, 나는 데려온 새끼나무들에 오며가며 눈길을 떼지 않았다. 그 때문일까, 불과 반 년 사이 땅에 뿌리를 확실히 내리고 무럭무럭 자라고 있는 모습이 대견하다.

폭포로 향하는 입구의 숲에는 소나무, 편백나무, 상수리나무, 층층나무, 팥배나무, 은행나무, 목련 등이 다양성 속에서 그들의 생을 조화롭게 이어가고 있다. 한 종의 나무가 다 비슷하려니 해도 줄기와 잎, 꽃, 열매를 보면 같은 것이 없다.

자세히 들여다보면 단풍 들어가는 것도 다른데, 단풍이 알록달록 아름다운 이유는 잎마다 각각의 다른 모양과 색깔을 갖고 있기 때문일 것이다.

문화다양성 속에서 각양각색各樣各色

나는 이야기하고 싶었다.

문화다양성 시대라지만 시류를 탄 일부 문화의 파급만 있고, 기초 문화예술 분야는 쇠퇴와 함께 예술인들끼리의 반목과 갈등이 이어지고 있는 지역 문화계의 진전을 위한 대안에 대해서, 그리고 그 방법과 실천에 대해서 말이다.

그리고 확대해석해 보면, 지역의 정체성을 찾고자 노력하며 우리와 함께 호흡했던 선각자들의 삶 보다는 먼 과거의 위인들을 찾기에 급급하지는 않았는가도 생각해보았다.

　문제는 문제로서만이 아니라 해법에 초점이 맞추어져야 한다. 문제의식은 부정이지만 해법은 긍정으로서 지역문화의 상황을 변화, 발전시키고 싶었다. 그 예전의 석헌 안종석 선생을 떠올리고, 흠모하며 소신 있는 삶을 영위해나가고 싶었다.

　각각의 예술 장르와 예술인들이 고유의 위상을 갖고 함께의 문화를 이야기하며 삶의 저변을 가꾸는 인문과 기초문화예술의 확장성에 대해서 가늠해보고 싶었고, 지역의 정체성을 되살려 새로운 문화를 일궈나가는 원천으로 다뤄보고자 했었다. 마치 한 그루 한 그루의 나무를 가꿔 숲을 만들어 가듯 말이다.

　각양각색各樣各色은 지역에서 활동하는 여러 문화예술인들이 문화적 자존감을 갖고 삶의 저변을 가꾸는 구체적 행위들을 함께 실천해 나갈 때 문화예술인으로서의 정체성과 가치를 발할 수 있을 것이다. 지역과 사람, 그리고 함께 하는 자연(나무), 그 연결과 실천이 무엇보다 중요할 것이다.

　문화다양성의 흐름 속에서 지역 현실의 과제는 물밀듯이 다가온다. 숲에서 나무를 쳐다보며 그 해법을 고민해본다. 가을의 길목에서 생각이 깊어진다.

목련 나무 아래에서 가을햇살을 받으며

능소화 꽃을 보며 이음에 대해서

떨어져버린 능소화 꽃을 보며 한 생을 애도
나무에게 있어 꽃은 열매로 가는 한 과정
시대의 꽃이자 사람과 문화를 잇는 진정한 매개자

| 능소화가 꽃가루받이의 매개자 제비나비를 불러들이고 있다

이유 있는 나름의 이름들

능소화 꽃이 후두둑 떨어졌다. 며칠 전까지도 가는 여름을 아쉬워하는 듯 주홍빛 나팔을 힘껏 펼쳐 벌과 나비를 불러들이더니 거센 비바람에 꽃잎을 통째로 떨어버렸다.

간밤에 비보悲報를 접했다. 내게 인간적, 문화적 영감을 많이 주셨던 한 어른(故주경업 前부산민학회 회장)께서 소천召天하셨다. 고운 빛깔로 찬란했던 여름 한 시절을 수놓다가 시간의 흐름 따라 뚝뚝 떨어져버린 능소화 꽃 마냥 속절없이 가셨다.

부산에서 문화기획 일을 하는 중에 만난 그 어른과의 인연을 거슬러 올라가본다.

10여 년 전, 첫 만남의 모습이 내게는 또렷이 각인되어 있다. 낙동강을 소재로 한 인문학 프로그램 기획의 자문을 구하러 찾았던 댁은 온통

▎비바람에 떨어진 능소화 꽃과 잎

책으로 둘러싸여있고, 겨우 몸 하나 뉠 좁은 자리에서 연구에 몰두하고 계시던 노학자의 고뇌를 보았다.

부산 원도심 인쇄골목의 오래된 건물 5층에 위치한 방이자 연구실은 눅눅한 습기와 책 냄새가 뒤범벅되어 있지만, 해법을 구하러 온 젊은이의 발걸음이 얼마나 반가우셨는지 내내 홍조를 띤 얼굴에 자신이 아는 모든 것을 풀어헤쳐 이어주시려는 듯 신이 나서 초롱초롱한 눈빛으로 열변을 하셨다.

첫 만남부터 서너 시간동안 쥐가 나는 발을 주물러가며 그 어른을 마주하던 열정 넘치던 내 젊을 날의 모습도 아련한 추억으로 자리한다.

이후로도 가끔 만남이 이어질 때마다 자신이 알고 있는 정보와 지식을 기쁜 마음으로 하나하나 들려주고, 보여주시던 후학에 대한 배려를 나는 잊을 수 없다. 어설픈 앎으로 잘난 체 하는 사람들 앞에서는 호통치던 노익장의 기개를 보여주셨고, 정보의 충실성과 정확성을 위해 발품 팔아 다양한 사람들을 만나가며 향토사를 정립해가는 정직과 믿음, 여러 현장을 찾으며 연구, 기록하고 결과물(글, 그림, 작곡)을 공유(전시, 출판, 강의)하는 지속성과 실천력은 그 자체로도 귀감이 되기에 충분했다.

책 속의 학문이 아니라 진정 살아있는 인문학을 추구하시던 분이다.

그 어른의 아호가 '한 우물(一井)' 이다. 평생 지역의 역사와 문화, 사람을 연구, 교육하며 의식을 깨우치게 하고, 민초들의 얼을 계승해 나가겠다는 의지가 그 속에 모두 담긴 듯, 솟아오르는 열정의 샘물이 마르지 않겠다는 의지가 온전히 담겨 있는 듯하다. 그래서 보편적 세인世人들이 출세 지향으로 학문을 이어온 것과는 달리 순탄치 않았을 삶의 애환도 가늠되어진다.

유독 내게 다정하게 대해주셨는데, 몇 해 전, "전선생, 아이들은 잘 크고 있소? 언제 한 번 보노? 막걸리 한 잔 하러 오소"라는 전화 요청이 있었지만 바쁘다는 핑계로 동석을 못했었다. 그 죄송함에 가시는 길에 막걸리 한 잔과 국화를 올려놓으며 이승에서의 인연과 감사함을 대신했다.

지식과 행동의 일체知行合一를 넘어 삶의 이치를 설명해주시던 그 어른의 후학에 대한 애정과 문화의 이음에 대한 열정적 모습은 실로 큰 가르침이었다.

부디 편한 곳에서 영면하시기를 바란다. 계절 따라 피고 지는 꽃들을 보며, 비바람에 통째로 떨어져버린 능소화 꽃을 보며 열정적이었던 한 생을 애도한다.

능소화를 아는가?

능소화를 아는가?, 그 꽃을 보았는가?, 그 잎과 줄기도 보았는가?

능소화의 영명은 Chinese trumpet creeper이고, 학명은 Campsis grandiflora인데, 중국의 [시경詩經]에 나오는 '소지화苕之華'란 이름의 꽃나무를 능소화로 짐작한단다.

능소화凌霄花는 '하늘을 능가(능멸)하는 꽃' 이란 뜻으로 양반들이 좋아해서 '양반화兩班花'라고도 했다 한다. 평민들이 이 나무를 심으면 곤장을 맞았다는 일화가 있을 정도로 함부로 키우지 못하며 드높은 권세를 상징하는 양반들의 꽃이었단다.

장원급제를 한 사람이 귀향길에 머리 위의 화관에 꽂았다 하여 '어사화御史花'라고도 부르며 이로 연유된 꽃말은 '명예'이다.

임금의 성은을 입은 '소화'라는 궁녀가 찾아오지 않는 임금을 그리워하며 담장을 서성이다 죽었고, 담장가에 묻혀 임금을 기다리겠다는 유언에 따라 담장가에 묻어줬는데, 그 자리에서 핀 꽃이라 하여 궁녀 이름을 따 '능소화'라 불리기도 한단다. 이로 연유된 꽃말은 '그리움'이란다. 혹자는 이런 이야기를 후대 사람들이 꾸며낸 이야기라 평하기도 한다.

어쨌든 능소화는 기다려도 오지 않는 님을 간절히 그리워하는 꽃으로 문학에서 종종 인용되기도 한다. '기생꽃'이란 별칭도 있는데, 이는 화려한 모양과 색깔이 마지막까지도 그 모습 그대로 떨어지기 때문에 격 있는 기생의 정조貞操에 빗대어 생겨난 이름이지 않을까 생각해본다.

대부분의 사람들은 꽃에 주목하지만, 나무(식물)에게 있어서 꽃은 열매로 가는 한 과정이겠다. 그렇다면 꽃이란 무엇일까? 식물의 생식기관이다. 밑씨가 씨방 속에 자리한 식물에 존재하는 것인데 암술, 수술, 꽃잎, 꽃받침 등의 구조를 갖춘 것을 우리는 함축하여 꽃이라 부른다.

거센 비바람 지나가고도 나팔 모양의 꽃잎을 몇 펼치고 있는 능소화를 다시 바라본다.

능소화 잎

비 멎은 후, 능소화에 앉아 꿀을 빨고 있는 제비나비

가지에는 흡착근이 있어 벽에 붙어서 올라갈 수 있고, 잎은 마주하며 가장자리에 톱니와 털이 있다. 꽃피는 시기는 7~9월이고, 열매는 9~10월에 맺혀서 익는다 한다. 여러 곤충들이 분주히 드나들며 가는 계절을 붙잡기라도 하려는 듯하다. 이들은 꽃에서 열매로 가는 과정을 연결해주는 매개자들이다.

꽃과 그 매개자

나무(식물)의 번식은 벌과 나비 같은 곤충에 의해서, 또는 새나 바람, 비에 의해서도 이루어진다.

이를 전문용어로 수분(受粉=꽃가루받이/종자식물에서 수술의 꽃가루가 암술머리에 붙어서 열매를 맺는 현상)이라 하며, 곤충에 의해서 수분이 일어나는 것을 충매화蟲媒花라 하고, 바람에 의해 꽃가루가 운반되어 이루어지는 것을 풍매화風媒花, 새에 의해 이루어지는 것을 조매화鳥媒花, 비나 물에 의해 이루어지는 것을 수매화水媒花라 부르는데, 대부분의 번식은 충매화가 약 80%를 차지한다고 한다.

꽃은 수분을 도와주는 매개자를 불러들이기 위해 자기만의 색과 모양, 향과 꿀을 만들어낸다. 스스로 아름답게 피우려 애를 쓰는 것이 아니라 종족을 널리, 그리고 많이 남기기 위한 생존 본능이다.

이러한 꽃의 다양한 아름다움은 우리 인간들의 오감을 자극하여 사랑을 표현할 때나 탄생과 죽음의 순간 등 희로애락의 현장에서 함께 하며 큰 영향을 미치고 있다. 꽃을 향한 인간의 사랑과 찬미는 다른 동물에게 없는 원초적 본능일 것이다.

그런데 아름다운 꽃을 달고 있는 능소화는 아무리 찾아봐도 열매가 보이지 않는다. 꽃가루받이를 도와줄 매개 곤충들이 많은데도 열매 보기가 왜 어려운 것일까? 이는 마치 정보와 지식이 넘쳐나고 이를 연결한 도구가 많아진 지금의 세상에서도 공허함을 때때로 느끼는 것과 흡사하다 생각된다.

꽃과 그 매개(이음)에 대해 생각을 하다가 다시 그 어른을 떠올린다.

1994년 부산에서 '민학회'를 창립하시어, "아는 것보다 더 중요한 덕목은 발품이다."하시며, 과거와 미래 문화 이음의 가능성을 현재의 문화로 그려내기 위해 부단한 노력을 하셨다. "자료보다 일상에서 만난 사람들의 말을 더 경청했다."하시는 그 어른은 진정한 이 시대의 꽃이자 사람과 사람을 잇고, 문화와 문화를 잇는 따뜻한 매개자였다.

| 2015년 故주경업 회장님과 양산 탐방 중(통도사 국장생석표 앞에서)

사라져가는 부산 포구의 역사와 문화를 기록하기 위해 2년에 걸친 대장정을 마무리하며 책 출간을 앞두고 계셨다는데 못 다 이루고 가셨다. 해마다 이 무렵, 떨어져가는 능소화 꽃을 보면 그 어른이 생각날 것만 같다.

열정의 삶을 살다 가신 그 분의 노고에 한 편의 시를 바친다. 그 어른은 떨어져 버린 한 송이의 능소화 일지언정 온 세상을 눈부신 아침으로 빛나게 하는 우리 모두의 '한 사람(문화 연결자)' 이었다.

멀리서 빈다
　　　　- 나태주

어딘가 내가 모르는 곳에
보이지 않는 꽃처럼 웃고 있는
너 한 사람으로 하여
세상은 다시 한 번 눈부신 아침이 되고
어딘가 네가 모르는 곳에
보이지 않는 풀잎처럼 숨 쉬고 있는
나 한 사람으로 하여
세상은 다시 한 번 고요한 저녁이 온다.

가을이다. 부디 아프지 마라.

대추, 깃들음의 과실나무

꿀에 절인 대추는 정성 깃든 마음의 보양
나무의 한 생에 대한 애달픔과 손길이 깃들어
생의 고통에 인내하며, 아름다운 생을 향한 따뜻함이 깃들어

깃들어 있어 존재함

길었던 낮이 점차 짧아지는 추분秋分이 지나고 나니 물씬 가을느낌이 더하다.

하루가 다르게 바뀌어가는 주변의 풍경 속에 나무의 모양과 색깔은 유달리 변화의 모습이 눈에 띈다. 특히 열매가 달리는 나무들은 시각 뿐 아니라 미각을 많이 자극한다.

"우렛소리 멈추고 벌레가 숨는다."는 속담처럼 얼마 전까지 천둥번개를 동반한 비가 때때로 퍼붓다가 어느새 잠잠해지고, 요란하게 한 철을 울어대던 매미소리도 들리지 않는다. 정성들여 키우다가 죽은 풍뎅이와 사슴벌레를 땅에 묻어주기 위해 아이들은 또 제 나름의 의식을 치루며 자연의 이치를 하나씩 알아나간다.

나도 명절인 추석秋夕을 앞두고 하나의 의식을 행하기 위해 며칠사이

분주했었다.

  문중 벌초를 끝내놓고도 정작 마을에 있는 선대 묘를 벌초 못 하고 있다가 며칠사이 다 끝내고, 자손 된 도리를 겨우 했다는 안도감을 갖는다. 조상의 음덕으로 살아가고 있는 나는 풀을 베면서 그 분들이 살았을 당시의 어려웠던 삶을 떠올리며 내 나름의 정성을 다하고자 애를 쓴다. 그리고 한 생을 누리고 있는 나 자신의 모습에 그 분들의 따뜻한 보살핌이 깃들어 있어 내가 존재함을 다시 한 번 느끼게 된다.

  묘소 가는 산길의 밤나무에서 떨어진 밤송이가 계절이 무르익어가고 있음을 말해주고 있다. 예전에는 가시에 찔려가면서도 알밤을 줍느라 분주했는데, 지천에 널린 게 음식인 요즘은 계절을 알려주는 전령사로만 인식하고 사진만 찍으며 가을을 담아본다.

  학교 다녀오면 입에 속속 넣으라며 삶은 밤을 일일이 까놓고 손자를 기다리던 할머니의 정성 깃든 마음과 손길을 곱씹어보기도 한다.

  밤을 생각하다보니 제사상, 차례상에 올라가는 여러 음식들이 생각난다.

  차례상 풍습에 신위神位를 기준으로 붉은 음식은 동쪽에 놓고, 흰 음식은 서쪽에 놓는다는 홍동백서紅東白西와 함께 생선은 동쪽에, 고기는 서쪽에 놓는다는 어동육서魚東肉西, 좌측 끝에는 포, 우측 끝에는 식혜를 놓는다는 좌포우혜左脯右醯와 함께 차례 상에 빠지지 않고 오르는 대추(棗), 밤(栗), 배(梨), 감(柿)을 떠올려본다. 차례상 음식은 지역과 가정마다 다를 수 있지만, 조율이시棗栗梨柿는 필수적으로 올리는 과실일 것이다.

가을하늘 아래 붉게 익어가는 대추는 생을 향한 인내와 따뜻함이 깃들어 있는 듯하다

조율이시 棗栗梨柿

시집 와서 50년을 제사상, 차례상 차리던 어머니는 "세월 따라 살아야지. 이제는 차례 지내지 말고 넘어가자" 하신다.

과일과 떡과 고기를 정성들여 마련해서 상에 올리던 어머니는 그동안 어떤 생각을 하셨을까? 정성이 다했기에 그만두자는 것은 아닐 것이다. 마음으로 조상의 음덕을 기리고 한 때를 넘어가자는 뜻이겠다 싶다. 앞줄부터 차례차례로 제기 위에 대추와 밤과 배와 감을 올려놓던 어머니도 이제는 대추마냥 붉게 물든 황혼이 되었기 때문이겠다.

제사상과 명절 차례 상에 빠지지 않고 오르는 대추, 밤, 배, 감에는 어떤 의미가 담겨 있을까?

대추는 씨가 하나여서 순수한 혈통과 한 나무에 많은 열매가 달리는 자손의 번창을 기원하는 의미이고, 밤은 땅속에 씨밤이 그대로 있다가 싹이 돋아나고 썩는다. 이는 자신의 근본을 잊지 않으며 조상과의 연결을 상징하는 것이겠다. 배는 껍질이 누렇고 속살이 하얀 과실인데, 황색은 오행에서 우주의 중심을 나타내며 속의 흰색은 순수함과 밝음을 나타내는 것이라 한다. 감은 씨로 나는 과실이 아니라 고욤나무에 접을 붙여야 열매가 달리는데, 이는 사람으로 태어났다고 다 사람이 아니라 가르치고 배워야 비로소 사람이 됨을 뜻하는 것이라 한다. 상에 올리는 과실 하나에도 자손의 번성과 희망, 위엄을 나타내는 의미가 내포되어 있다.

이 중, 대추는 순우리말 같지만 한자어 '대조 大棗'가 변한 것으로 대추, 대조 모두 표준어로 인정되고 있다 한다. 남유럽과 서아시아가 원산지로 추정되고 있으나, 고려 문종 33년(1079년)에 송나라에서 보내온 백여 가지의 의약품 중에 '산조인 酸棗仁' 이라는 오늘날의 묏대추가 들어 있

| 떨어진 밤송이에는 토실한 밤이 가득

| 열음의 계절 – 여름 대추

| 대추나무 꽃

다. 재배 기록은 고려 명종 18년(1188년)에 "대추나무 등의 과실나무 심기를 독려했다"는 [고려사] 기록에서 찾을 수 있다 한다.

붉은색(적자색)으로 익으면 그냥 먹어도 당도가 높은 대추는 감초와 더불어 한약에서 단맛을 내기 위해 사용되기도 하고, 피를 맑게 하고 신경을 안정시키는 효과가 있다 한다. 삼계탕 같은 여름철 보양 음식에 인삼과 함께 자주 들어가고, 항산화 성분이 많고 비타민C도 풍부해서 감기 예방에도 효과가 있다 한다.

어릴 적 겨울밤, 어머니께서 꿀에 절인 대추를 한 숟가락씩 먹고 자게 했던 이유도 이런 대추의 효능 때문이겠다. 지금은 병원과 약국에서 조제해주는 약으로 몸을 다스리지만 옛적 사람들은 과실을 따고, 말리고, 씨를 빼고 꿀에 절이는 정성으로 몸을 다스렸을 것이다.

꿀에 절인 대추는 몸을 보양하는 약이 아니라 정성이 깃든 마음의 보양일 것이다.

▎푸름에서 붉음으로 바뀌어가는 가을대추

붉게 익어가는 대추처럼

　대추나무는 주술적 의미에서도 자주 이용되는데, 벼락 맞은 대추나무로 도장을 만들면 액운을 막아준다는 이야기가 있다. 천벌을 받은 나무에 자신의 이름을 새겨 벽사(辟邪/요사스러운 귀신을 물리침)의 의미로 지닌다는 것은 나무의 불행을 통한 인간의 행운을 바라는 영악한 발상이라 생각되어진다.

　대추나무가 도장으로 쓰이는 이유 중 하나가 목재 조직이 치밀하고 단단한 데 있다.

　나는 익히 이 성질을 알았다. 20년도 더 된 소싯적 작품 중에 '대추나무 노래 걸렸네'란 작품은 다듬잇돌 위에 단단한 소재인 대추나무와 흑단나무를 이용하여 부드러운 노래를 담는 CD랙으로 변모시킨 것으로, 갈라진 대추나무를 흑단 나비촉으로 잇기 위해 끌로 파내면서 그 성질을 경험했었다.

고향 돌아와 집을 지을 때, 담벼락을 확장하면서 예전 할머니께서 심었다는 멀쩡한 대추나무를 베어내게 되었는데, 아까워서 조명으로 환생시키는 작업을 해서 거실의 전등으로 활용하고 있다. 나무를 다듬고 전선을 매립할 홈을 파내면서도 단단한 나무의 성질을 이해했고, 시간이 지날수록 더 짙은 색으로 변해가는 나무의 물성도 파악할 수 있었다.

나무의 한 생에 대한 애달픔과 정성의 손길이 깃들어 다시 살아 이어가는 대추나무의 생이다.

한 때, 문화예술교육론으로 대학 강단에 섰을 때, 나는 늘 시 한 편을 감상하고 시작했는데, 당시 소개한 시 중에 장석주 시인의 〈대추 한 알〉을 끄집어내어 본다.

▍2012년 대추나무 환생 (거실 조명)

저게 저절로 붉어질 리는 없다
저 안에 태풍 몇 개
저 안에 천둥 몇 개
저 안에 벼락 몇 개

저게 저 혼자 둥글어질 리는 없다
저 안에 무서리 내리는 몇 밤
저 안에 땡볕 두어 달
저 안에 초승달 몇 날

    붉게 둥글어지는 대추를 보며 그 속에 태풍, 천둥, 벼락, 무서리, 땡볕, 초승달이 들어 있음을 표현한 관찰의 힘과 은유적 표현은 어떤 결과가 저절로 되지 않고, 어떤 원인과 과정이 있어야만 한다는 세상의 진리를 쉽게 풀어놓고 있었다.
    짧은 시어지만, 그 속에는 생의 고통을 인내하며 보다 아름다운 생을 향한 따뜻함이 깃들어 있음을 알 수 있었다.
    무릇, 예술과 교육을 하는 사람들은 그런 과정의 고통에 대해 인내와 따뜻함이 더 깃들어 있어야 하지 않을까 하는 마음에 소개를 했었다.
    '대추 한 알'은 그냥 대추 한 알이 아니라 세상을 살아가는 나 한 사람일수도, 세상의 수많은 일 속에 나의 행위 중 하나일 수도 있다. 점점 옷깃을 여미는 계절이다. 따뜻함으로 세상을 마주하는 정성이 깃들어야 할 것이다.
    "우린 늙어가는 것이 아니라 조금씩 익어가는 겁니다"라는 어느 가수의 〈바램〉이란 노랫말이 흥얼거려진다. 대추가 더 붉게 익어가는 무렵이다.

감과 함께 하는 사유思惟의 시간

대가를 치르지 않고 영위할 수 있는 것은 없다.
감은 추억까지 소환하게 하는 기억의 열매
지금의 시간을 주워 담으며 골똘해지는 시월

시월의 사유

스치는 바람에서도 가을냄새가 묻어나는 시월이다.

따사롭던 가을햇살이 이어지다가도 '찬 이슬이 맺힌다.' 는 말뜻 그대로 한로寒露가 되자마자 흐리고 바람이 불더니 아침, 저녁으로 제법 쌀쌀한 기운마저 맴돈다. 들녘을 바라보면 불과 한 달 전만 해도 초록색이던 벼 이삭이 금세 누렇게 변해 타작을 하는 모습에서도 가을의 정취가 물씬 묻어나는 풍경이다.

작열하는 태양 아래 붉게 그 존재감을 발하던 배롱나무꽃도 마지막을 담담히 받아들이는 듯하다. 어디 배롱꽃뿐이겠는가, 떠나야 할 때를 알고 가는 꽃들의 모습은 처연히 자신의 삶을 덜어내고 있다.

반면, 갖가지 열매들은 곧 떨어질 날을 기다리면서도 오색향연의 절정을 이루며 그 속을 알뜰히 채워가고 있다.

익어가며 생각하는 단감 (곧 떨어질 날을 기다리면서도 그 속을 알뜰히 채워가고자 볕과 바람을 온몸으로 받아들이고 있다.)

　마종기 시인의 〈꽃의 이유〉에서 '꽃이 지는 이유도 / 전에는 몰랐다 / 꽃이 질 적마다 나무 주위에는 / 잠에서 깨어나는 / 물 젖은 바람소리'라는 시구詩句는 지나간 과거를 붙잡지 않고, 지금 여기에 집중하며 있는 그대로 받아들이고 순응하는 삶의 자세가 투영되어 있는 듯 느껴진다. 자연의 모습도 그러하다.

　뉴스를 볼 때면 식상한 소식 중 하나가 "○○가 금값이다."는 표현이다. 주로 농어축산물에 많이 적용시키는 표현인데, 지난 추석에도 과일 가격이 올랐다고 "천정부지로 치솟았다."며 미디어가 나서서 호들갑이었다.

　오를 수밖에 없지 않은가? 봄철 서리에 이어 여름철 폭염과 길었던 장마에 폭우, 태풍 등 기상 악화가 수확량을 감소시켰으니 비싼 과일값은 소비자 뿐 아니라 상인들 역시 마진율이 떨어지면서 걱정은 매한가지겠다.

　누가 자연에 기대어 사는 사람들을 알아주기라도 하겠는가, 인고의 시간을 견디어 탐스러운 과일을 생산해내는 그들의 노고를 알아주겠는가 말이다.

　시골 태생으로 논밭 곡식과 수박, 토마토 같은 과일에 소, 돼지, 닭을 사육했던 집의 자손인 나는 도시 사람들이 자연에서 생산해내는 갖가지 것들의 가격에 민감하게 반응할 때면 화가 나기까지 했다. 옷이나 전자제품, 자동차 등은 오히려 비쌀수록 없어서 못 팔 만치 수요가 많음에도 자신들의 입으로 들어가 바로 영양분이 되는 것들에는 대수롭지 않게 여기고, 그 가격만을 운운하며 가치 비중을 두지 않는 모습이 이해가 되질 않았다.

　특히, 과일은 그 자체로 식용 뿐 아니라 약용의 가치로도 효용성이 높은 식품인데 조금의 시세 변동에도 민감하기까지 하다. 꽃에서부터 열매에 이르기까지 과수果樹의 커가는 과정을 조금이라도 알게 되면 단순히 가격으로만 책정할 수 없을 것이다.

　이기철 시인의 〈시월의 사유〉에서 '단맛으로 방을 채운 열매들이 / 무거워진 몸을 끌고 땅으로 돌아온다 / 내년을 흔들며 떨어지는 잎새들' (중략) '익는 것이 전부인 시월 / 시월은 시월의 생각만으로 골똘하다 / 나뭇잎은 생을 펄펄 날리고 / 사람들은 가슴마다 생을 주어 담는다.' 라는 시구詩句는 대가를 치르지 않고, 영위할 수 있는 것은 없음을 이야기하고 있는 것만 같다. 세상에 공짜는 없음이다.

기억의 열매

어릴 적 마당의 동, 서쪽에는 큰 감나무 두 그루가 있었는데, 중학생 될 무렵 우리 집은 한옥에서 양옥으로 바뀌었고, 공사와 함께 베어내 버린 감나무 자리에 새로운 단감나무가 심어졌다. 세월 먹고 훌쩍 자란 그 단감나무는 땡볕을 막아주는 그늘막이 되어왔고, 여름이면 아이들의 물놀이터로도 변신을 하며 아이들에게는 또 다른 추억의 장소로 기억될 것이다.

예로부터 밭둑에 대추나무, 야산자락에 밤나무, 집 마당가에 감나무, 숲속에 배나무를 심었다 한다. 조상을 모시는 차례나 제사상의 맨 앞줄에 오르는 조율이시棗栗梨柿가 현세 사람들의 삶 주변에 자리하고 있다. 이 중 감나무는 웬만한 집에는 거의 있을 정도로 흔한 나무였다.

'감꽃은 장난감의 / 황금 목걸이 / 실에 꿰어 목에 거는 / 자랑 목걸이' 이주홍 시인의 〈감꽃〉이나, '감꽃 줍는 애들 곁에서 / 하나 둘 나도 감꽃을 주우면서 / 금목걸이를 목에 두를까 / 금팔찌를 두를까' 송수권 시인의 〈감꽃〉에서처럼 나의 어린 시절에도 봄에는 감꽃을 주워 실에 꿰서 목걸이, 왕관, 팔찌를 만들며 놀았다.

간식이 흔하지 않던 당시의 초여름에는 떨어진 푸른 땡감(풋감)을 소금물 담근 장독에 넣어 며칠간 묵혀뒀다가 꺼내먹기도 했다. 물컹하면서 소금기 배어 짭조름한 그 맛을 아직도 기억한다.

나무가 단단하지 않아 잘 부러지는 가지를 살금살금 타고 올라가 매미를 잡던 여름날의 추억도 생생하다. 가을에는 붉은 색이 맴돌 무렵 깎아서 처마 밑에 줄줄이 매달아두면 갈바람과 따뜻한 볕이 감을 쫄깃하게 말려 하얀 분이 필 때쯤 달콤한 곶감으로 변한다. 요즘말로 하면 '겉바

속촉'이라 해야 할까? 완전히 곶감이 되기 전, 겉은 말라서 약간 질긴 듯하면서도 속은 말랑말랑한 그 느낌을 나는 좋아했다.

곶감은 감을 깎고 말리던 할머니를 연상하게 하기에 충분하다. 외가에서 보내온 참감(高宗柿)은 두고두고 묵혀 홍시가 되면 초겨울까지 탱글탱글한 식감과 천연 달달함이 입 안 가득 차오르는 즐거움을 주었다.

집집마다 붉게 익어 주렁주렁 달린 풍경은 가을을 '감의 계절'이라 해도 손색없게 만든다. 감은 그냥 과실이 아니라 옛 추억까지 소환하게 하는 기억의 열매이다.

| 열매가 주렁주렁 매달린 감나무

오상칠절五常七絶의 나무

감나무 이름의 유래는 보통 '감(甘)+나무'로 알고 있지만, '감'은 '갇'이 변한 '갈'에서 유래된 말이다. '갈'은 일본어에도 영향을 주어 '카키(kaki/柿)'가 되었고, 학명(Diospyros kaki Thunb)에도 kaki로 쓰인다. 옛말이 많이 남아 있는 제주도에서는 감물 들인 의복을 '갈옷'이라 하였단다.

전통적으로 감나무는 오상칠절五常七絶의 나무로 칭송했다.

유교에서 사람으로서 지켜야 하는 다섯 가지의 윤리인 오륜(五輪/父子有親, 君臣有義, 夫婦有別, 長幼有序, 朋友有信)이 있듯, 감나무에는 오상五常이 있는데, 넓은 감잎은 잘 말려 종이 대신 글을 쓸 수 있어 문文, 부드럽지만 탄력 있는 목재는 화살과 같은 무기를 만들 수 있어 무武, 겉과 속이 다르지 않고 모두 붉어 충忠, 홍시는 달고 부드러워 이가 없는 노인도 먹을 수 있으니 효孝, 바람과 눈서리 날리는 추운 날에도 열매가 매달려있으므로 절節이 있다는 것이다.

칠절七絶은 오래 살고, 그늘이 좋으며, 새가 집을 짓지 않고, 벌레가 들지 않으며, 단풍이 아름답고, 열매 맛이 좋으며, 낙엽은 거름으로 유용하게 쓰여 좋다는 일곱 가지를 의미한단다.

신록의 계절에 황백색으로 피어나는 감꽃은 대체로 수꽃과 암꽃이 다른 나무에서 피는데 드물게는 한 나무에서 피는 것도 있다 한다. 열매가 달리는 꽃은 암꽃 또는 양성 꽃으로 보기도 한다는데, 수술이 있기는 하나 퇴화되어 제 구실을 못하는데도 열매가 잘 달린다. 꽃이 수정되지 않아도 씨방이 발달하여 열매가 생기는 단위결실單爲結實의 나무이기 때문이다.

사과 같은 열매는 꽃받침이 자라서 과실이 된 것으로 꽃받침은 꽃이

지고 나서 열매가 맺히면 열매꼭지가 되는 반면, 감은 씨방이 열매가 된 것이다. 열매의 자루에 꼭지가 있으면 씨방이 변해서 과육이 된 것 중에 감이 대표적이라 할 수 있다. 딱딱한 감 씨를 쪼개어보면 그 안에 흰색 숟가락 모양의 배가 있다. 감 씨는 배젖인 셈이다.

잎사귀는 둥글넓적하고 매끈하며 화려하지는 않지만 가을 되면 노랗고 붉게 물든다. 또 잎에는 열매 못지않게 비타민C가 풍부하여 차로 만들어 마시기도 한다. 감나무에 벌레가 잘 들지 않는 것은 떫은맛을 내는 타닌(tannin) 성분이 섬유질을 단단하게 만들기 때문인데, 풋감 때 감물을 만들어 방습제, 방부제, 염료로도 사용한다.

과육이 딱딱할 때 타닌 성분이 많지만, 점점 익어가면서 타닌이 제거되고 말랑말랑해지며 단맛이 나는 것이라 한다. 사람도 세월 먹으며 익어가는 것이 이와 같지 않을까 생각해보게 된다.

▎숟가락 모양의 배와 배젖인 감 씨

▎청도 반시

유독 맛이 좋은 외가의 참감 홍시가 생각나서 외삼촌께 전화를 드려 봤더니 올해는 해거리를 해서 열매가 많이 없는데다가 누군가 다 따서 가져가버렸단다. 때마침, 씨 없는 청도 반시를 선물로 받았다. 달콤함을 맛보며 기억을 돌려본다. 어수선한 세상사에 달콤했던 예전도 추억하며 지금의 시간을 주워 담는다.

이런저런 생각으로 골똘해지는 시월이다.

▎가을비 머금고 익어가는 대봉감

따스함 스며든 치자나무

자연은 형형색색 가을을 이야기하고 있다.
치자는 달콤했던 옛 모습을 상기시켜준다.
온기 머금은 치자처럼 따스함 스민 삶이고 싶다.

가을풍경

가을은 '조락凋落의 계절'로 시간의 흐름이 빠름을 절절히 느낄 수 있는 계절이다.

황금빛 들녘은 추수를 끝내고 어느새 휑한 바람이 불고, 고운 단풍으로 물드는가 싶던 나무도 벌써 나목裸木의 모습으로 처연하게 다가오기도 한다.

그렇기에, 가을은 삶의 단상斷想이 때때로 묻어나는 계절이다.

유독 높은 창공은 스스로의 존재를 물어 근본으로 되돌려 놓기도 하고, 얼마 전까지 누렇게 익어가는 꼬투리에서 속의 알맹이를 내어 놓던 밭에는 다시 갈아엎어져 새 싹을 틔워 올리는 짧은 한 생의 모습에서 생경生硬하게 다가오기까지 하는 계절이다.

▎가을햇살이 스며들어 온기를 머금고 익어가는 치자

'계추季秋되니 한로寒露 상강霜降절기로다.'로 시작하는 [농가월령가](農家月令歌/조선 헌종 때 정학유가 지은 가사)의 9월령(月令/음력)에는 '벼 타작 마친 뒤에 틈나거든 두드리세'라며 추수의 이모저모로 한 철을 노래하고 있다.

그 옛날 갖가지 농사가 많던 우리 집에서는 비록, 어린 아이의 손이라도 틈 날 때면 이런저런 가을걷이에 불려 다녔기에 일 많던 집의 상황이 못마땅하기도 했었다.

마당에 나락(벼)을 널고 뒤엎어가던 부지런한 할아버지의 모습도, 꾸부정하게 구부리고 앉아 콩대를 두드리며 콩을 털어내던 할머니의 모습도 아련한 기억으로 자리하는 가을은 분주한 삶 속에서 추억들을 소환하는 계절이기도 하다.

솔개 한 쌍이 푸른 하늘을 소리 내어 빙빙 돌며 그림을 그리고 있다. 전깃줄과 오버랩 되며 '빠름-느림-빠름'의 악상을 만들어내고 있다. 깊은 햇살 스며든 사과는 더 붉고 단단하게 익어간다. 금목서는 더 짙게 색과 향을 뿜어낸다. 꼬투리에서 나온 서리태는 더 까맣게 껍질이 여물어간다. 배추는 초록 잎을 겹겹이 피어 올리며 속살을 채워나간다. 땅을 뚫고 나온 무는 더 하얗고 단단하게 몸집을 불려나간다. 노란 융단을 펼친 듯 국화가 소복이 앉아 가을햇살을 쬐고 있다.

그렇게, 형형색색의 자연은 내 곁에서 계절을 이야기하고 있다. 그런 풍경이 마음을 평온하게 해주며 가을의 절정을 연출해내고 있다.

치자나무의 매력

어린 시절에는 참 별났다. 얼굴과 팔다리 곳곳에는 흉 질 날 없을 정도로 개구쟁이였다. 어느 땐가 별나게 놀다가 복숭아 뼈 부근 발목이 시퍼렇게 멍들어 돌아온 손자에게 할머니는 한 처방을 해 주셨다. 밀가루에 노란 물을 넣어 반죽하고 헝겊에 싸서 발목에 칭칭 감아줬는데, 자고 일어나니 시퍼렇던 멍이 사그라지며 붓기도 빠졌었다.

그 노란 물은 뭐였을까? 뜨거운 물에 치자를 우려낸 물이었다. 자연물을 이용한 할머니의 민간요법이자 손자에 대한 지극정성이었다.

우리 형제가 성인이 되어 객지로 나가 공부할 무렵부터 어머니는 틈을 내어 출타가 잦아지면서 여러 배움의 현장으로 나가셨다. 그 배움 중 하나가 천연염색 이었는데, 어머니는 꽤 재미를 붙이셨는지 황토, 커피, 양파, 치자, 감, 쪽 등 다양한 자연재료로 물들인 천으로 옷을 만들어 입었고, 그 덕분에 나도 천연염색 개량한복을 이른 나이에 때때로 입게 되었다.

지금은 꽤 보편화되었지만, 내가 20대이던 그때는 젊은 사람이 입고 다니기에는 남의 시선을 끌기에 충분한 옷차림이었다. 그래서 입기를 머뭇거릴 때도 있었는데, 오히려 일본에서 유학생활 하는 동안에는 평상복으로 입을 만큼 과감히 입고 다녔었다. 시선을 즐길 만치 자신감이 있었던 건 아니고, 내 외모에서 풍기는 모호함을 오히려 이방인이라는, 한국 사람이라는 하나의 증표로서 더 입고 다닌 듯하다. 주황빛이 도는 노란색의 치자와 황토로 물들인 옷이었다.

이렇듯, 치자에 대한 인상은 약용으로 쓰이며 물들이는 염료로도 사용되는 열매 정도라 생각했는데, 몇 해 전 어린 치자나무를 사다 심고, 이듬해 초여름에 하얗게 핀 꽃과 달짝지근한 향기에 매료되면서 치자나무의 또 다른 매력을 알 수 있었다. 그 달달한 향은 달콤했던 옛날의 모습을 상기시켜주기에 안성맞춤이었다.

▎주황빛으로 익어 말려진 치자

▎치자 꽃봉오리

치자의 아름다움

꼭두서니과에 속하며 중국이 원산지로 알려진 치자나무는 그 열매를 치자라 한다. '치卮'는 술잔이다. 열매가 술잔을 닮았기 때문에 '나무(木)'를 붙여 치자梔子라는 이름이 되었다는데, 내 눈에는 길쭉한 주머니를 닮은 듯하다. 목단木丹, 산치山梔, 월도越桃로도 불리며, 그 꽃을 불가佛家에서는 담복薝蔔으로 부른단다.

꽃말은 한없는 즐거움, 순결, 청결의 의미를 담고 있고, 영명 '가데니아(Gardenia)'라는 이름은 18세기의 스코틀랜드 의사이자 식물학자인 알렉산더 가든(Alexander Garden)의 이름을 따서 명명되어진 것이라 한다.

늘푸른나무로 따뜻한 곳을 좋아하며 키 2~3미터 정도의 작은 치자나무는 잎이 마주나기의 긴 타원형이고, 표면이 반질반질하며 꽃은 암수 따로 초여름에 흰빛으로 피며 여섯 장의 꽃잎을 갖고 있다. 그 향기가 재스민과 비교될 만큼 진하여 영어로는 케이프 재스민(Cape jasmine)이라 한다. 달콤한 향은 향수와 비누, 화장품, 아로마 테라피에도 사용되어진다

| 바람개비모양 꽃잎을 활짝 펼친 치자 꽃

| 꽃 진 자리에 열매가 맺히는 7월

한다.

열매는 타원형으로 세로 능선이 뚜렷한 모양인데, 9월부터 초록색에서 주황색으로 익어가며 크로신(Crocin)과 크로세틴(Crocetin)이라는 노란 색소를 가지고 있어 천연염료, 식용색소로 음식에 활용할 수도 있다는데 인공의 색으로는 흉내 낼 수 없는 아름다운 색감이다.

또 이 열매는 열기와 붓기를 가라앉히고 해독하는 작용이 있어 외상에 활용하거나 불면증과 황달의 치료에 쓰이고, 지혈 및 이뇨의 효과도 있다 한다. 할머니를 비롯한 옛 어른들은 특별히 배우지 않아도 어떻게 식물의 효능을 알아 민간요법으로 실용화 했을까 궁금해진다.

조선 세종 때 문신이자 서화가인 강희안(1417~1464)이 쓴 한국사 최초의 원예서 [양화소록養花小錄]에는 꽃의 색깔이 하얗고 윤택하며, 그 향기가 맑고 부드럽고, 겨울에도 잎이 시들지 않으며 열매는 노란색으로 물들인다며 치자의 아름다움을 예찬했다 한다.

다시 치자를 유심히 들여다본다.

여름엔 싱그러운 초록 잎사귀 위로 하얀 꽃이 극명하게 대조를 이루다가 꽃 진 자리에 주머니 모양의 열매가 달리며 가을 되면서 점점 노랗게 익어가고 있다. 꽃 진 자리 구멍으로 가을햇살을 빨아들여 속을 더 노랗게 만들어가려고 애를 쓰는 듯하다. 햇살도 그 속으로 스며들어 온기를 머금은 치자로 거듭나게 하려고 속속들이 비추는 듯하다.

옷 깃 사이로 찬바람이 스며드는 계절이다. 온기를 머금은 치자처럼, 따스함 스민 삶이고 싶다.

속에서부터 노랗게 익어가는 치자

가을 단풍 丹楓, 가을 단상 斷想

주변의 흔한 나무들에 내 삶을 투영시켜보며
알록달록 각각의 색깔을 가진 단풍의 아름다움
자신을 확인하며 돌아보는 시간이자 준비하는 시간

가족소통 가을여행

시나브로 한 해의 두 달을 남겨 놓고 있다.

여느 해 마다 쓰는 '다사다난多事多難'이 기실, 더 크게 다가왔던 한 해 인데, 처한 현실의 상황에서 나름의 해법이란 것이 안분지족安分知足의 생을 이어가는 주변의 흔한 나무들에 내 삶을 투영시켜 어떤 의지를 다져 보려 졸필로 표현하는 것이었다.

병마와 싸우던 아내가 하늘의 별이 되고, 어린 두 아이는 내게 남겨진 숙제이자 나의 보물들이 되었다. 나는 이 보물들을 위해 지금 내가 할 수 있는 것들을 해주기 위해 부단히 노력 중에 있다.

그런 중에 아이들과 자연에서 함께 하는 문화수혜의 행운을 가졌다.

지난 6월에는 경북 칠곡의 숲에서, 8월에는 전남 완도의 섬에서, 또 10월에는 강원 춘천의 숲에서 자연과 함께 하는 가족소통 프로그램으로 성

▎붉게 물들어가는 단풍나뭇잎

▎국립 춘천숲체원에서 단풍놀이하는 아이들

장기의 아이들과 시간 보내며 다양한 영감을 줄 수 있는 기회를 갖게 된 것이다.

바쁜 중에 떠나는 춘천행은 아이들보다 오히려 내가 더 들떠 있었다. 지난여름에 홍천, 원주를 지나며 스쳐왔던 곳인데, 지금껏 춘천에서 1박 이상 체류하며 보내는 여행은 스무 살의 무전여행 때와 수 년 전의 업무

출장에 이어 세 번째로, 그 구체적 행선지도 자연이 가득한 곳이기에 더 좋았다. 그렇기에 아이들과 더 분주하게 계절을 만끽하고 돌아온 봄내(春川)에서의 가족소통 가을여행이었다.

고속도로를 타고 올라가는 내내 가로수와 먼 산의 풍경들에 눈길이 가는데, 점점 올라갈수록 알록달록한 색깔들이 눈앞에 펼쳐진다. 아이들도 자연과 교감하며 배우는 무언가가 있었겠지만 나도 새로운 내용을 더 깊이 있게 알게 되었는데, 특히 복자기나무와 계수나무의 단풍 든 색깔과 모양이 매력적으로 다가오며 내년 봄에는 이 나무들을 심고, 가꾸어 보겠다는 계획도 해보게 되었다.

타지로 나설 때면 IC를 통해 고속도로 진입하면서 정면에서 배웅해주는 존재는 천성산이다. 멀리 타지로 나갔다가 돌아올 때도 천성산의 온화한 모습에 나는 안도감을 느낀다. 인자함으로, 사랑으로 보살펴주시던 할아버지, 할머니가 천성산의 모습으로 남아 보살펴주고 있다고 나는 늘 생각한다.

한결같은 마음의 안식처 천성산도 어느새 초록의 모습에서 붉은빛이 감도는 갈색으로 물들어가고 있다.

나의 색깔은 무엇일까?

사람들은 시각이 발달되었다 해야 할까, 시각 의존도가 높다 해야 할까, 유독 다른 감각기관들에 비해 가시적인 현상들에 더 쏠리는 것 같다.

봄에 피어나는 꽃들에 열광하며 사진을 찍어대는 것은 어쩌면 나무에게 있어서는 큰 환영이자 축복이 될 수도 있겠지만, 생명활동을 잠시 멈추기 위해 자신의 마지막 신호를 보내는 가을 단풍의 모습에도 사람들은 연신 사진을 찍어대기에 분주하다.

　이러한 단풍은 일반적으로 나무의 잎이 물든 상태를 말하지만, 개념적으로는 단풍나무과의 잎이 물든 상태(변하는 상태)를 말한다.

　잎을 떨어뜨리기 전, 줄기로부터 수분과 영양분을 공급받던 잎은 잎자루 밑 이음새 부분에 떨켜를 만들면서 공급을 차단시킨다. 이것은 겨울을 무사히 넘기고 이듬해 봄을 위한 나무의 선택적 생존전략이다.

　이때 클로로필(chlorophyll)이라는 엽록소가 파괴되어 잎 속의 물질들이 다른 색소로 바뀌면서 나타나는 것으로 날씨가 맑고 공기 중에 물기가

▎바람타고 날아가도록 디자인된 단풍나무 씨앗

▎적갈색으로 물들어가는 떡갈나뭇잎

▎주황빛으로 물든 복자기나뭇잎

▎노랗게 물든 계수나뭇잎

적으며 싸늘해질 때 쯤 단풍 들기 시작하고 햇빛이 많을 때 더 활발히 물든다 한다.

단풍丹楓은 꼭 붉은색으로만 물드는 게 아닐텐데 왜 붉다는 의미의 '단丹'을 썼을까? 몇 몇 수종을 제외하고는 대체로 붉게 보이기 때문에 '적赤'이나 '홍紅', '주朱' 보다는 옅은 색인 '단丹'을 쓰지 않았을까 생각해본다. 온 산에 붉은 단풍이 가득하다는 '만산홍엽滿山紅葉'은 붉은 '홍紅'을 써서 울긋불긋한 나무들이 모여 집단을 이룬 가을 산을 표현한 대표적 한자성어가 아닐까도 생각해본다.

'풍楓'은 글자처럼 바람과 밀접한 관계가 있다. 바람 찬 계절에 절정을 이루기 때문이기도 하겠고, 그 열매(씨앗)가 바람을 타고 날아가 번식을 하는 까닭 때문이기도 하겠다.

어찌됐든, 식물학자들이 나무의 이름에 단풍을 붙인 이유는 가을의 물든 단풍나무가 가장 아름답게 보였기 때문일 것이다.

나뭇잎은 햇빛을 가장 효과적으로 이용하기 위해 초록 색소 뿐 아니라 여러 색소를 가지며 각각 다른 파장의 빛을 흡수하고 에너지를 엽록소에 보낸다.

안토시아닌(anthocyanin)이 많은 단풍나무, 산벚나무, 화살나무, 붉나무, 옻나무, 산딸나무는 붉은색으로, 크산토필(xanthophyll)이 많은 복자기나무, 느릅나무, 포플러, 플라타너스는 주황색으로, 카로티노이드(carotinoid)가 많은 은행나무, 고로쇠나무, 계수나무, 이나무는 노란색으로, 타닌(tannin)이 많은 느티나무나 칠엽수는 갈색으로 변한다 한다.

상수리나무 외의 참나무 중 갈참나무, 신갈나무, 떡갈나무 등은 '갈'이 들어가는데 예전에 신발 밑에 깔거나 떡을 쌀 때 까는 의미도 있지만,

갈색으로 변한다거나 색을 갈아입는다는 의미도 있을 것이다. 갈색으로 변하는 것은 타닌이 많은 이유 때문이겠다.

이렇듯, 나뭇잎 색깔은 비슷한 듯 보여도 같은 것이 하나도 없다. 대강 보면 붉은색으로 보이지만, 자세히 보면 다 다르다. 단풍잎을 보고 아름답다 하는 이유는 잎마다 알록달록 각각의 색깔을 갖고 있기 때문이겠다. 사람도 제각각의 색이 있어 아름다울 것이다. 나의 색깔을 무엇일까?

내 삶을 물들여가기 위해

흐르는 생명의 시간을 거스르지 않는 나무의 변화는 순간순간이 모두 아름답다.

봄에는 꽃 피고, 여름에는 열매를 맺고, 가을에는 익고, 단풍 들어 여러 빛깔로 옷을 갈아입는다. 소리 없이 부지런한 나무의 변화는 그래서 아름답다. 자신을 열어 아낌없이 내어주는 나무는 그래서 더욱 감사하다.

수 년 전에 천성산을 다녀오는 길에 냇가 옆 울창한 어미나무 아래로 자라난 앙증맞은 새끼나무를 데리고 와서 연구소 앞에 심었다. 여린 다섯 손가락의 펼침 마냥, 초록빛 별 마냥 그 푸릇푸릇한 연둣빛깔이 너무 좋아 단풍나무라 생각했는데 자라면서 고로쇠나무였음을 뒤늦게 알았다.

고로쇠나무는 20미터 가까이 자라는 큰키나무인데, 연구소 창을 가릴까봐 계속 가지치기를 해서 성장을 억제시켜오던 나는 지난해, 연구소 뒤편의 햇살 좋은 곳으로 옮겨 심었다. 깊이 뻗어 내린 뿌리를 무리해서 잘라가며 옮겼던지라 혹여나 죽을까 노심초사했는데 다행히 자리를 잡았는지 새잎 돋아내며 꽃을 피우고, 단풍 들어 그 생을 이어가는 모습이 대견하고 고맙다.

  수액에 칼슘과 미네랄 성분이 많아 성장기 어린이나 여성, 노인이 마시면 좋고, 신경통, 위장병, 고혈압, 이뇨작용에도 좋다고 알려진 고로쇠나무의 수액은 '뼈에 이로운 물'이란 이름의 골리수骨利水나무로 불리며 해마다 이른 봄이 되면 몸에 구멍이 뚫려 수액 채취를 당하며 괴로운 나무가 되고 있다. 그래도 우직하게 자신을 내어준다.

  몇 해 전, 저수지 앞밭의 모과나무 아래로 어린 홍단풍나무 한 그루가 자라고 있었다. 심지도 않았는데 어떻게 자라났을까? 100여 미터 떨어진 곳에 어미나무 10여 그루가 있는데 그곳에서 씨앗이 바람에 실려 날아와 자생한 것이었다. 이 역시 옮겨와 연구소 뒤편의 햇살 좋은 곳에서 고로쇠나무와 함께 성장해가고 있다.

  바람에 자기 몸을 실어온 단풍의 씨앗(열매)처럼 식물들의 씨앗은 저마다의 목적에 맞게 몸을 디자인한다. 자기의 삶도 스스로 디자인 할 수 있어야 함을 나무는 몸소 보여주고 있다.

  잎이 하트 모양인 계수나무는 노랗게 물들면서 달콤한 솜사탕 향기를 내뿜어 시각 뿐 아니라 후각까지 자극한다. 복자기나무의 잎 모양은 다른 단풍나무와 달리 세 개의 작은 잎이 달려있고 가장자리에 몇 개의 커다란 톱니가 있다. 주홍빛의 찬란함은 눈 시리도록 아름다운 가을의 느낌을 선사해준다. 그리고 그 잎을 미련 없이 떨어뜨리며 자신을 당당하게 드러낸다. 제 역할을 다 마친 것 같은 낙엽이지만, 끝이 아니라 새로운 시작을 위한 그의 당당한 삶의 방식이다.

  가을에 단풍이 드는 것은 낙엽되기 전, 더 나은 내일을 위해 돌아보는 시간이다. 어떤 색깔과 모양으로 살아왔는지 자기점검의 시간인 것이다.

시련의 겨울을 이겨내고 새로운 모습의 봄을 준비하기 위한 시간이기도 하다.

    따뜻한 햇살과 찬바람을 번갈아 쐬며 곱게 물들어가는 가을 단풍을 바라보며 내 삶을 알차게 물들여가기 위해 숙고하고, 움직여야겠다. 내 보물들이 있기 때문이다.

단풍나무를 관찰하는 나의 보물들

가시에게 존재의 이유를 물어보다

일변도로 점철되었던 계절 이야기
탱자나무가 들려주는 쓰임과 세상 이치
편중된 세상을 뚫는 예리한 창, 일침을 가하는 회심의 침

일반화의 오류

　대부분의 나무들이 물들고, 잎 떨어지는 이 무렵에도 자신의 존재감을 드러내며 그 생의 이유를 온몸으로 표현해내고 있는 나무들과 마주한다.
　어떤 나무들은 더 초록의 빛을 발산하기도 하고, 또 새 잎 돋아내며 햇빛을 더 모으는가 하면, 또 어떤 나무들은 꽃을 피우며 존재감을 드러내기도 하고, 화려한 색으로 열매 맺으며 자신을 세상 속에 드러내고 있다. 하나하나 다 이유가 있는 모습일테다.
　흰 꽃과 초록의 잎사귀가 유난히 눈에 띄는 차(茶)나무는 짧아진 햇살을 더 받아들이느라 분주하다. 가을햇살 머금고 볼록하게 익은 열매는 껍질을 벗고 그 속살을 드러낸다. 불에 넣으면 잎 속의 공기가 팽창하며 꽝꽝 터지는 소리가 난다고 이름 붙여진 꽝꽝나무는 촉촉하게 빗물 머금고 윤이 나는 초록빛을 발산하고 있다.

| 탱자나무 가지에 달린 가시

　제법 떨어진 기온에도 오히려 더 싱그럽게 다가오는 편백나무의 초록 잎은 가을의 쓸쓸함을 환희의 계절로 바꾸어 놓기에 제격이다. 주목나무의 싱그러움 또한 일품이다. 그렇게 늘푸른나무가 품은 에너지는 긍정의 기운을 주기에 충분하다.

　아벨리아(abelia)라 불리는 꽃댕강나무는 연분홍 나팔 모양의 꽃을 총총 매달고 검붉은 빛 새 잎을 틔워내고 있다. 가지가 셋으로 갈라지는(三枝) 모양에 닥나무처럼 종이 만드는데 쓰인다고 하여 이름 붙여진 삼지닥나무는 내년 봄에 피울 꽃을 꿈꾸며(夢花) 찬 겨울을 나기 위해 옹기종기 모여 매달려 있다. 마치 새치름한 아가씨마냥 고개를 숙인 채, 화사하게 피어날 앞날을 기다리는 듯하다.

비파琵琶라는 악기와 닮은 잎을 가졌다 하여 이름 붙여진 비파나무는 겨울에도 푸름을 간직하는데, 뽀송뽀송한 노란색 옷을 입은 꽃봉오리는 내년에 맺을 열매를 위해 꽃 피울 채비를 하고 있다. 늦가을에 흰 꽃이 피고, 이듬해 초여름에 살굿빛 열매를 맺는 신비한 나무이다. 초록 잎사귀를 더 두툼하게 세우고 태양의 기운을 빨아들여 꽃봉오리로 보내기 위한 기운이 고스란히 느껴져 온다.

초록 잎사귀에 붉은 빛 감도는 다홍빛의 열매가 보색대비를 절묘하게 연출하는 사철나무, 아직 떨어지지 않은 푸른 잎사귀를 달고서도 새빨갛게 물든 산수유 열매는 겨울을 나기 위한 새들의 요긴한 양식으로 더없이 매력적이다. 다른 동물들에 비해 빨간색을 잘 보는 새를 꾀어 종족을 널리 퍼뜨리기 위한 고도의 전략이겠다.

이에 뒤질세라 구기자枸杞子나무도 늘어뜨린 가지에 매달린 붉은 열매가 바람에 흔들리며 새들을 유혹하기에 바쁘다. 가시가 헛개나무(枸)와 비슷하며 줄기는 버드나무(杞)와 닮았고, 공자, 맹자, 노자처럼 성현들의 이름에 존칭의 의미로 '자子'를 붙였듯 오미자, 복분자, 결명자처럼 열매를 약용으로 이용하는 구기자는 영지버섯에 버금가는 불로장생의 한약재로 취급할 만치 우수한 약효를 지녔기에 명명된 이름이라 한다.

'탐스럽다'는 표현이 모자랄 정도로 새빨갛게 매혹적인 열매를 주렁주렁 매달고 있는 남천은 독보적인 존재감을 드러내며 또 한 시절을 표현하고 있다. 새싹 돋을 때 마치 말의 이빨처럼 힘차게 솟아난다 하여 '마아목馬牙木'으로 붙여진 마가목의 열매도 파란 하늘에 붉은 열매 가운데 검은 별빛(꽃받침 흔적)이 총총 박혀있는 독특함으로 그 존재감을 발하고 있다.

어디 이뿐이랴. 열매가 쥐똥 같아 이름 붙여진 쥐똥나무는 콩알처럼 알알이 흩어져 검은색으로 변해가는 중이다. 쥐의 똥 같이 생겨서 붙여진 이름이지만 '똥'은 옛 사람들이 귀한 것을 돌려 표현할 때도 쓴 것처럼 쥐똥나무는 우리 주변에 울타리용 나무로 흔하게 심어졌는데 자세히 들여다보지 않으면 지나칠 수도 있지만, 비로소 열매를 맺을 때 그 존재감을 확연히 드러낸다.

이보다 약간 더 타원형으로 길쭉하게 생긴 광나무의 열매도 회색빛을 띠며 검게 익어가고 있다. 이에 뒤질세라 가시오가피도 뾰족한 가시를 곧추세우고 흑갈색의 열매들이 옹기종기 모여 소우주를 이루며 자신의 존재 이유를 알리면서 생을 이어가고 있다.

유년시절 크리스마스카드를 만들 때, 산타할아버지와 함께 초록의 가시나무 잎사귀와 빨간 쌍방울 열매를 마치 공식처럼 그려 넣었었다. 우리 집 정원 한 귀퉁이의 오래된 가시 잎의 나무가 빨간 열매 달리는 호랑

가시는 가시오가피의 심벌

새잎에서도 가시의 윤곽이 뚜렷한 구골나무

가시나무인 줄 알았는데, 지금에서야 자세히 보니 빨간 열매는 보이지 않고, 10월 지나면서부터 앙증맞은 흰 꽃들이 때늦은 벌들을 불러들이고 있다.

호랑가시나무 이름은 호랑이가 뾰족한 가시 모양의 잎으로 등을 긁는다 하여 명명되어진 것이라 하는데, 흰 꽃을 한가득 품고 있는 이 나무는 분명 잎은 닮았지만, 줄기에 주목하여 붙여진 구골나무란다.

줄기가 개 뼈를 닮아 구골목狗骨木으로 불리는 이 나무는 뾰족한 초록 잎사귀가 전체를 덮고 있어 가지는 잘 보이지 않고, 아기자기한 흰 꽃들이 이름과 어울리지 않게 향기를 내뿜으며 가을의 정취를 또 다르게 느끼게 해준다. 꽃말이 '보호'라는데, 가시 잎이 여린 꽃을 보호하기 때문이지 않을까 생각해본다.

때늦은 꽃과 꽃봉오리, 각양각색의 열매들을 보며 그동안 '수확의 계절', '사색의 계절', '단풍과 낙엽의 계절' 등의 수식으로 일반화시켜왔던 가을의 풍경을 새롭게 읽어 들이게 된다. 일변도一邊倒의 시선과 생각으로 점철시켰던 일반화의 오류를 여러 나무들을 보며 새롭게 감지하는 순간이다.

탱자나무 가라사대

어릴 적, 동네 친구들과 뛰어놀던 마을 뒤의 뒷뻬알(비탈)로 향했다. 가늘고 여린 이대가 많았던 그곳에서 화살도 만들고 무덤가의 비탈진 곳에서 포대썰매도 타며 놀던 그 근처의 험상궂게 생긴 탱자나무가 떠올랐기 때문이다.

왜 탱자나무를 떠올리게 된 것일까? 잎, 꽃, 열매를 다 떨어뜨리고 나면 유독 도드라져 보이는 가시가 생각났기 때문이다. 그 뾰족한 침 모양의 가시만으로도 자신의 존재를 알리는 탱자나무(hardy orange)가 지금도 있을까 궁금해졌다.

탱자나무를 만나러 가는 길에 어느새 도깨비바늘이 옷에

| 도깨비바늘 씨앗

붙어 따라왔다. 어렸을 때 우리는 이 녀석을 도둑놈이라 불렀는데 씨앗 전체는 동그란 원형을 이루며 씨앗 하나하나의 끝이 네 갈래 가시(바늘)처럼 뾰족하고, 한 번 붙으면 좀처럼 떨어지지 않고 속으로 파고들어가는 독특한 이 녀석을 만난 건 내가 하고 싶은 가시 이야기를 미리 알아차리고 자신도 가시라는 존재를 알리기 위함이라 받아들여본다.

자기 몸을 멀리 보내기 위해 방사형으로 어느 방향에서나 달라붙기 쉽도록 침을 치켜세우고 있는 모습이 위풍당당하게 느껴지기까지 한다.

예전의 그 많던 탱자나무가 다 없어지고 한 그루만 남아 있다. 탁구공만한 크기의 열매가 몇 알 달려 있고, 빛깔도 칙칙하다. 먹을 것이 귀하던 그 시절에 탱자라도 먹어보려 한 입 깨물자 입 안에 퍼지던 떫고 시던 그 맛을 나는 기억한다. 퉤 퉤 침을 계속 뱉어가며 애꿎은 탱자 열매를 밟아 터뜨리고 벽에 힘껏 던져 박살을 내던 유년시절의 개구쟁이 내 모습도 떠올려 보게 된다. 그 맛과는 달리 운향과 식물답게 향기는 좋았던 것으로 기억된다.

본래의 목적인 가시를 관찰해본다. 촘촘하게 에워싼 초록의 굵은 가

▌ 탁구공 크기만한 탱자들을 모아놓고

▌ 뾰족한 가시 사이로 매달린 탱자

시들은 참새 같은 작은 새만 드나들 만치 빽빽하고, 뾰족뾰족한 그 모습이 보기에도 위협감을 주며 저절로 '위리안치圍籬安置'라는 용어를 불러들이게 된다. 이는 탱자나무의 부정적 쓰임의 한 예인데, 중죄를 지은 죄인을 탱자나무 울타리에 가둬 움직임을 제한하던 죽음보다 더 큰 고통을 겪게 하는 유배형의 한 형태였다.

이런 쓰임과 달리, 국방의 역할에서는 성 주변에 적이 쉽게 접근 못하도록 그 가장자리를 빙 둘러 물웅덩이나 탱자나무를 심어 해자垓字를 만들었던 지성枳城의 사례(충남 서산 해미읍성)에서도 볼 수 있듯, 탱자나무의 가시는 그 모양에서 남다른 쓰임으로 존재감을 나타내었다.

물론, 옛 서민들의 삶에서는 외부의 동물이나 침입자를 막는 집의 울타리 역할도 하는 정겨운 풍경을 연출하기도 했다. 그래도 탱자나무의 가시에 한 번 찔려본 경험이 있다면 정겨움으로 다가오기에는 거리가 있는 나무이겠다.

탱자나무와 연관 지어 연상되는 또 다른 용어는 '남귤북지南橘北枳'이다. 남쪽의 귤나무가 북쪽에 가면 탱자나무가 된다는 말로, 생활환경에 따라 사물의 성질이나 사람의 기질이 바뀌는 것을 빗대어 표현한 것인데, 나는 다른 의미에서 이 용어를 해석해본다.

예전의 '견학見學'이라는 말이 요즘은 '벤치마킹(benchmarking)'으로 불리며 소위 핫(hot)하다는 트렌드만을 쫓아가고 있지 않나 줄곧 생각해 왔다. 내 것은 없고, 남의 것들로만 뒤죽박죽 넘쳐나는 것 말이다.

선진 국가, 선진 도시와 선진 기업에서 하는 것이라면 무조건 흉내 내려 시도하는 것인데, 남의 겉모습 이전에 그 이론과 방법이 어떤 상황 속에서 생겨났으며 어떤 문제의식과 어떤 방법으로 발현시켜나가고 있는지, 그리고 내 것, 우리 것을 더 잘 알고 접목하는 것이 중요하다 생각하기 때문에 해 본 나름의 의미 해석이다.

겉으로 드러나는 피상을 벤치마킹이라는 이름으로 따라 하는 행위에서 벗어나 존재의 이유와 존재의 가치를 밖에서가 아니라 안에서 비롯되어야 함을 이야기하고 싶어 해 본 소리다.

열매가 잘 달리도록 감나무의 대목으로 고욤나무에 접을 붙이듯, 귤나무는 뿌리가 튼튼한 탱자나무 대목에 접붙이기를 한다. 귤나무의 본성은 죽고 탱자나무의 성질만 남아서는 달콤한 과일을 맛 볼 수 없는 것과 같은 이치 아니겠는가 말이다.

가시달린 나무

어찌됐든, 탱자나무의 예리한 가시는 잎이나 어린 줄기를 초식동물로부터 보호하기 위한 하나의 장치이자, 존재의 이유일 것이다. 사소해 보이는 것도 다 까닭이 있기 마련이다.

어쩌면 그 무시무시한 가시는 무엇을 가두고, 막기 위함이 아니라 편중된 세상을 뚫기 위해 돌진하는 예리한 창, 쉽게 일반화 해 버리는 세태에 일침을 가하는 회심會心의 침이지 않을까 생각해본다.

어느 스승과 제자의 대화 속 가시달린 나무 이야기이다.

師 : 가시달린 나무를 보았는가?

弟 : 네. 탱자나무, 아까시나무, 찔레나무, 엄나무를 보았습니다.

師 : 가시달린 나무 둘레가 한 아름 되는 나무가 있던가?

弟 : 아니오. 못 보았습니다.

師 : 가시 없는 나무는 큰 나무가 되어 대들보도 만들고 집도 짓는데 쓰임이 있지만, 가시달린 나무는 별로 쓸모가 없단다. 사람도 마찬가지로 마음의 가시, 육신의 가시, 말의 가시가 없는 큰 사람이 되어야 한단다.

맞는 말이기도 하다. 그렇지만, 사람 관점의 쓰임에서 가시달린 나무는 별로 쓸모가 없음을 이야기하는 일반화의 오류라 하겠다. 가시를 달고 있는 나무의 관점에서 보면 가시는 어떤 존재의 이유가 있을까?

당신은 어떤 존재의 이유가 있으신가? 나는?

엄나무의 가시 - 편중된 세상을 뚫기 위한 예리한 창

겨울

머물며 스스로를 돌아보고,
불필요한 요소를 덜어내어 내면을 단단하게 키워가는
겨울이 생명을 가장 생명답게 하는 때이지 않을까?
나무가 고요의 자세이다.

벚나무를 보며 나다움을 생각

나무를 보며 내 삶을 반추
세상을 다르게 보기 위한 나무이야기
다름의 차이, 관점의 차이로 세상보기

'식시무자재준걸識時務者在俊傑'의 무게

며칠사이 기온의 변화가 심하다. 낮에는 덥다가도 아침저녁으로는 찬바람에 몸을 움츠린다. 내내 가물었다가 비가 오니 마치 여름철 태풍마냥 사나운 바람을 몰고 세차게 창을 때린다. 중간 어디쯤은 없고 세상이 자꾸 극과 극의 두 형태로 나타나는 것이 아닌가 하는 생각을 해보게 된다.

한바탕 소란 뒤에, 오랜만에 늦은 오후 산책을 나선다. 맑은 공기와 모처럼의 경쾌한 물소리는 마음을 씻어내는 듯도 하지만, 축축하게 젖어 떨어진 낙엽과 벌써 나목 되어 쓸쓸한 풍경을 자아내는 나무를 보며 기분이 가라앉으면서 내 삶도 반추해 보게 된다.

나목 된 벚나무를 바라보며 내 삶을 반추해본다

세상을 가늠해볼 수 있는 특별한 잣대가 없기는 누구나 마찬가지겠지만, 무엇인가 채 알기도 전에 그때는 왜 그리 조급했을까? 왜 빨리 나아가려 서둘렀을까? 그렇지만, 왜 지금은 이렇게 더딘가? 답도 없을 질문을 스스로에게 던져보며 허공 아래 몇 이파리를 파르르 거리며 나부끼는 모습은 흡사 내 모습인 듯 더 착잡하게 다가온다.

그랬다. 한때 청운의 꿈을 안고 떠나, 나래를 펼쳐보려 동분서주하였다. 평범함을 거부한 것은 아니었지만, 나의 행보들은 이미 평범하지 않았고, 그 속에서 어떤 희열도 느끼며 스스로를 다른 존재라 인식했지만, 어느 속에서도 한 발을 뗀 채 주변을 서성거린 듯하다. 객客은 아니지만, 주主도 아닌 중간자였던 것이다.

바깥에서 홀로생활을 하던 대학생 어느 때 쯤 [삼국지]를 보다가 한 글귀에 꽂혔다. "시대의 움직임을 파악 할 수 있고, 시대의 급무를 찾아낼 수 아는 사람을 재누가 이걸이 풍류아 사남이다며 우무이고 어리석은 사람은 불가능하다."는 '식시무자재준걸識時務者在俊傑'은 곧 내 삶의 지침이 되었고, 누군가 시키지 않아도 나는 그 급무가 무엇일까 찾아나서는 무게를 스스로에게 얹었을지도 모르겠다.

요사이, 갖가지 행사가 많은 중에 여러 현장으로 발걸음하며 군상群像들의 모습 속에 목적 지향의 현상들을 읽어 들인다.

어떤 행위를 함에 있어 제 나름의 목적이 다 있겠지만, 내가 받아들이는 느낌은 대체로 '누구보다 앞서', '누구보다 높이' 같은 수직 지향의 목적이라 생각되었다.

한때는 나도 그랬을 수직 방향의 목적 지향이었지만, 지금의 그 모습들에서 내 표정은 자꾸 경직되며 어색해진다. 수직으로의 목적 지향이라

나쁠 것은 없다. 나의 경우는 그 수직 방향의 갈래가 어느 곳에 집중되지 못하고 여러 갈래로 분산되어 에너지의 결집이 빈약했기 때문일 것이고, 그들은 그들 나름의 에너지를 수직으로 모아 나가는 것이겠거니 생각하며 '다름의 차이', '관점의 차이'라 받아들이자며 나름 결론을 내려 보았다.

이분법의 세상에서

사람의 삶을 이것이냐, 저것이냐 두 갈래로 나누는 것은 바람직하지 않겠다.

나무의 생도 살아가는 방식에 따라 이분법으로 나누는 것이 마땅하지 않겠지만, 우선 그 생장에 초점을 두어 두 갈래로 고정형과 자유형으로 분류를 해보면 벚나무, 참나무처럼 대체로 더디게 자라며 단단한 고정형의 나무들이 있는 반면, 빨리 자라지만 목질이 단단하지 않은 버드나무나 다래나무 같은 자유형의 나무도 있다. 물론, 이 두 가지 말고도 다른 형태의 나무들도 있을 것이다.

사람 역시 타고난 기질도 있겠지만, 살아가는 환경이나 형편에 따라 강하고, 억센 사람이 있는가 하면 온화하고, 유연한 사람도 있을 것이다. 물론, 사람도 이 두 가지 말고도 다른 형태가 무수히 많이 있을 것이다.

대체로 사람을 이분법의 잣대로 나눠 이것 아니면 저것 하는 식이라 해 본 소리이고, 보통은 그 사람의 조건이나 지위, 결과를 보고 판단의 기준점을 잡는 것이 다반사다.

나무를 대할 때도 그 나무가 달고 있는 꽃이나 맺은 열매에 주목하는 경우가 많은데, 그 꽃과 열매를 품고 있는 때가 아니면 큰 관심을 두지

| 4월의 만개한 왕벚꽃

| 6월의 익어가는 벚나무열매 버찌

않는다. 지금처럼 알록달록 단풍드는 시기가 지나면 더더욱 눈에서 멀어지고, 마음에서도 멀어진다. 그게 세상의 이치인 것을 어쩌겠냐마는 세상을 다르게 보는 이야기를 해볼까 싶어 한 나무를 끄집어내어 본다.

관점을 달리해서 볼 나무는 봄철 꽃구경의 대명사 격인 벚나무인데, 왜 이름표기를 할 때 '벗'의 'ㅅ'이 아니라 '벚'이라는 'ㅈ' 받침을 쓸까?

그 이름의 정확한 유래는 알려진 바가 없다 하는데, 열매 때문이지 않을까 생각해본다. 가령, 감이 달린다고 감나무라 하듯 버찌라는 열매가 달리기에 버찌나무라 하다가 '버찌'가 '벚'으로 변한 건 아니었을지 미뤄 짐작해본다.

전 세계에 200여 종의 자생하는 벚나무가 있는데, 우리나라에는 벚나무, 왕벚나무, 산벚나무, 겹벚나무, 올벚나무, 수양벚나무 등 10여 종이 있다 한다. 이런 벚나무도 꽃이 잎보다 먼저 피느냐, 잎과 함께 피느냐에 따라 구분 지어진다 하는데, 잎보다 꽃이 먼저 피는 왕벚나무는 우리나라 제주도가 원산지인데 아이러니하게도 일본의 국화이다.

　이런 왕벚나무는 다른 벚나무 꽃보다 크고 화려해서 주로 가로수나 조경수로 심어졌다. 그 대표적인 것이 일제강점기에 우리 민족혼을 말살하고자 창경궁의 주요 전각과 담장을 헐어버리고 일본식 건물을 짓고 일본의 상징인 왕벚나무를 조경수로 심은 것이며, 1980년대 창경궁 복원을 진행할 때 여의도의 윤중로 일대로 옮겨와 가로수로 심은 것이 아픈 역사는 뒤로한 채, 해마다 봄이 되면 축제의 현장이 되고 있다.

　또 다른 하나는 일제가 진해에 군항을 건설하면서 1910년부터 2만 여 그루의 일본 왕벚나무인 '소메이요시노(染井吉野/そめいよしの)'를 심은 것이 진해군항제의 벚꽃축제이다. 꽃구경도 좋지만, 여의도와 진해의 벚꽃축제는 배경을 알고 달리 생각해 볼 문제라 여겨진다.

　벚꽃은 무엇보다 흰색에 가까운 연분홍빛으로 밝고, 꽃송이가 많으며 많은 꽃들이 거의 동시에 피어나 짧은 한 때를 화려하게 장식하다가 한꺼번에 사라진다. 이른 봄에 주변의 곤충들을 온통 자신 곁으로 많이 불

▎산벚나무 잎자루 부분의 꿀샘

▎가로형 무늬의 왕벚나무 수피

러들이기 위한 벚나무의 생존전략이자 목적 지향의 표현이다. 곤충들을 통해 꽃가루받이 확률을 높이는 것이 그에게는 생애 최대의 목적이자 행복일 것이다.

반면, 한여름 백일에 걸쳐 붉게 피어난다 하여 백일홍으로 불리는 배롱나무는 꽃이 번갈아 오랫동안 피기 때문에 붙여진 이름인데, 그 역시 오랜 시간 조금씩 피고 지고를 반복하며 벌과 나비 같은 곤충들이 자신 곁으로 꾸준히 찾아와 꽃가루받이를 잘하게 하기 위함이다.

벚나무와 백일홍은 그 생의 방식이 다른데, 결과적으로는 같은 목적을 이루는 셈이다.

나다운 것, 나다운 길

내가 하고 싶은 벚나무 이야기는 꽃 때문만은 아니다. 그 생의 관점에서 결코 빼놓지 말아야 하는 잎도 있다. 자세히 보면 잎자루 부분에 좁쌀만큼 작은 돌기가 두 개 있는데, '꿀이 나오는 샘'이라는 뜻의 밀선蜜腺이라 부르는 부분이 있다.

꽃은 벌과 나비 같은 곤충을 불러들이기 위해 그가 구사하는 전략적 표현이고, 잎의 밀선은 성충이 되기 전의 애벌레가 광합성을 해야 하는 잎을 갉아먹는 것을 막기 위해 애벌레의 천적이자 단물을 좋아하는 개미를 불러들여 자신을 보호하는 지혜로운 생존전략인 것이다.

또 하나 이야기하고 싶은 것은 벚나무의 수피이다. 나무들은 선이든, 점이든 어떤 무늬와 색깔로 자신의 몸을 장식하는데 대부분 세로형 수직의 무늬를 나타내는데 비해 벚나무는 중간 중간 특유의 줄이 있는 가로형 수평의 무늬가 보인다. 일찍 꽃을 피우고, 일찍 잎을 떨어뜨리는 벚나무는 어쩐지 해탈한 것처럼 자신을 내려놓고, 위로 향하기보다는 옆(주변)의 것들을 살펴보겠다는 듯 느껴지기까지 한다.

그래서 궁극에 나는 무슨 이야기를 하고 싶은 것일까? 어떤 학자의 말을 빌려 보겠다.

"한 그루의 나무도 땅 위의 가지줄기, 땅 밑의 뿌리줄기의 전개 형태가 다르다. 땅 위의 가지가 전개된 방식이 연역법이고, 땅 밑의 뿌리가 전개된 방식이 귀납법이다."

연역과 귀납의 어원으로 풀이해보면 연역演繹은 펼 '연演'과 풀어낼 '역繹'의 합성이자, 영어로 deduction은 'de(따로, 멀리)'와 'duction(끌다)'의 합성어로 '펼쳐서 풀어낸다.'라는 뜻이며, 핵심으로부터 넓게 펼친다는 의미가 강하다. 일반적 원리로부터 개별적 원리를 이끌어내는 것이겠다.

귀납歸納은 돌아갈 '귀歸'와 들일 '납納'의 합성이자, 영어로 induction은 'in(안으로)'과 'duction(끌다)'의 합성어로 '돌아가고 들여다 놓는다.'라는 뜻이다. 개별적 원리로부터 보편적 원리를 이끌어내는 것이겠다. 나의 경우라면 개별적 사실들을 관찰하고 보편적 법칙을 찾고자 하는 귀납법에 더 가까운 듯하다.

분리되기 전의 큰 가지를 파악하여 거기서 분리된 잔가지의 내용들은 자연히 파악된다는 연역법과 잔뿌리에서 다른 잔뿌리로 이동하려면 큰 뿌리라는 접점을 거치지 않고도 또 다른 뿌리가 생성되어 연결되어진다는 귀납법이라는 것인데, 이 빌려서 말한 이야기의 목적은 길은 하나가 아니라 여러 개 일 수 있다는 '리좀(Rhizome/이항 대립적이고 위계적인 현실 관계 구조의 이면을 이루는 자유롭고 유동적인 잠재성의 한 유형)'을 말하고 싶어서이다.

기실, 한 그루의 나무로 이야기하지만, 가지나 뿌리만 가지고 온전한 나무가 되는 것이 아니라 모두 있어야 나무가 되듯, 어느 한 가지만 가지고 이야기하거나 어느 방법이 더 우수하다 이야기할 수 없다는 것이다. 종합적인 관점에서 바라봐야 함을 이야기하는 것이겠고, 다름의 차이, 관점의 차이로 세상을 받아들여야 함을 이야기하는 것이겠다.

리좀(이항 대립)은 어느 것과 어느 것의 사이와 중간인 동시에 융합과 통섭이라는 것이다.

그래서 나의 삶은 이것도 저것도 아닌 '나다운 것' 일 수 있겠다 싶다. 그래서 나의 길은 하나가 아니라 여러 개 일수도 있겠다 싶다.

빨리 가고자, 그러다 또 여러 길을 걸어오며 지치고 힘들었을 나를 다독거려본다. 이제는 더디더라도 보다 '나다운 길' 을 걸어가야겠다.

| 6월 산벚나무를 관찰하며

갈등과 소통은 하기 나름

마음의 산책을 통해 풀어가고, 엮어가며
다양하고 수많은 갈등 속에 살아가는 삶들
다름을 이해하고, 서로를 감싸 안는 포용으로

엮이고 이어져 있는 공부

어느덧 계절이 겨울에 와 있다.

한창 싹을 틔우고, 꽃을 피우는 나무의 모습에서 설레는 마음도 가지다가 빗방울 맺힌 초록의 싱그러움에서 청춘을 회상하기도 하고, 세찬 비바람에 꺾여나간 가지와 나뒹구는 잎들에서 시련의 한 때를, 맑은 햇살과 바람을 먹은 탐스러운 열매의 모습에서 절정의 한 때를 그리워하기도 해 보았다. 나목으로 또 내년 봄을 기약하며 긴 준비에 들어가는 모습에서는 다시 기대감을 품어보기도 한다.

주변의 나무를 바라보며 시시각각으로 변하는 그 찰나마다 내 삶을 반추하고, 계획하며 때로는 사회현상도 엮어서 생각해보는 시간들이었다. 글을 쓰며 단순히 나의 감상으로만 그치지 않고자 애쓰는 시간들이 깊어간다. 나무의 생을 통해 삶의 향취를 느끼고 공감대를 가질 만큼이

▎서로를 감싸 안으며 함께 소통의 생을 이어가고 있는 다래나무와 키위나무

라도 되길 바래봤다.

　돌이켜보면, 지난날 어떤 선택의 갈림길에서 내적 갈등을 줄이고자 서둘러 선택했던 나의 행보는 더 큰 내적, 외적 갈등을 동반하여 지금에 이르고 있다. 때문에 나는 나무에 관한 글을 쓰는 동안에는 또 다른 고민과 갈등이 이어질지라도 마음의 산책을 하며 스스로가 정한 목표에 도달하고자 애를 쓰기로 하였다.

　이러다보니 매사에 나무와 결부시켜 현상을 읽어 들이고 바라보며 주변인들과의 대화에서도 줄곧 나무 이야기가 이어지게 마련인데, 가족들과의 식사 때도 나무는 흔한 화제가 되었고, 어린 아이들은 으레 아빠가 무슨 나무학자라도 되는 듯 인식하고 있다. 부모님은 아들의 생산성 떨어지는 고민과 글쓰기가 못내 아쉬운 듯하다.

그도 그럴 것이, 부모님들 생에서는 노력이 곧 생산성으로 귀결되어 부지런히 움직였던 덕분에 지금의 삶이 있는데, 아들의 생은 계속 분야를 바꿔가며 공부의 현장으로 이어지다가 사회생활을 하면서도 어느 분야의 끝맺음을 안 한 채, 또 다른 공부로만 이어지고 있으니 꽤나 답답해하실 수도 있겠다 싶다.

매 주마다 계속 다른 주제로 이어갈 글 소재를 찾으려고 나무를 관찰하고, 밤잠 설쳐가며 글을 쓰는 모습이 안타깝기도 할 것이다. 그럼에도 상황을 다 헤아려 배려해주심에 감사하기 그지없다. 부모라서 원래 그렇다가 아니다. 원래란 없다. 여간 엮어진 부모자식 간의 애정이 아니고선 절대 그럴 수 없는 것이다.

그랬다. 어떤 진로가 맞을지 몰라 스스로 입문한 예술세계로의 공부는 고3 뒤늦게 입시미술을 배워 미대를 갔고, 그곳에서는 제대로 배울 수 없는 나무 다루는 기술을 연마하기 위해 밖으로도 나돌았다. 제대로 디자인을 배우겠다고 다시 유학길에 올라 공부를 하다가 자국의 역사에 대해 재인식하며 역사공부에 탐닉하기도 하고, 예술마케팅을 고민하다가 예술 수요의 부재를 교육의 부재로 해석하고 교육학을 공부하다가 창작을 통한 국제교류와 교역도 모색했었다.

방법이 중요한 게 아니라 원인을 찾으려 궁리하다가 철학을 공부하게 되고, 사회로 나와 보니 원리만 대입해서는 안 되니 사회학 측면에서 공부하게 되고, 프로그램 기획을 하다 보니 사람을 위한 일이라 인문학을 공부해야 되고, 세상이 넓다 해도 돌아와 보니 지역을 제대로 알아가기 위해 지역학을 공부해야겠고, 자연에 기대어 사는 삶이니 주변에 있는 나무들로부터 삶을 읽어 들이는 공부를 하는 것으로 계속 바뀌며 이어져 온 현상학 공부의 현장이었다. 달리 말해 평생학습을 이어가고 있는 것이다.

고민 없이, 노력 없이 그저 보내버린 시간들이 아니었기에 어느 하나 버릴 것 없는 소중한 시간들이고 귀중한 배움의 시간들이다. 다 엮이고 이어져 있는 공부의 세계이다.

그럼에도 쉬이 풀리지 않는 현실세계에서 나름의 해법은 제각각 나무들의 고귀함을 읽어 들이며 마음의 산책을 통해 나의 세계를 풀어나가고, 세상을 향해 나의 존재를 엮어 나가는 것이겠다 싶다.

갈등 : 칡과 등나무

그랬다. 그동안 여러 갈등과 번민으로 점철된 삶이었지만, 비단 나만 그런 것이 아니라 우리 모두의 삶은 너, 나 할 것 없이 갈등과 그 해결의 과정에서 현재 진행형인데, 과연 갈등이란 무엇을 말하는 것일까?

사전적 의미는 칡과 등나무가 서로 복잡하게 얽혀 있는 것과 같이 개인이나 집단 사이에서 다른 의견, 신념, 행동, 정서, 목표로 인해 서로 충돌하여 상충하는 방향으로 상호작용하는 과정을 말한다.

더 풀이를 해보면, 칡 '갈葛' 과 등나무 '등藤' 이라는 글자를 조합한 것으로 칡은 왼쪽으로 감고, 등나무는 제멋대로 감고 올라가는 습성이 있다. 왼쪽으로만 감는 칡은 고집스럽고 융통성 없는 사람에 비유되며, 제멋대로 감는 등나무는 소통 없이 자기 방식대로의 사람이어서 이 둘 사

| 어린 층층나무를 휘감고 올라가는 칡 줄기 | 기둥을 꽉 잡아 감고 올라가는 등나무 줄기 |

이가 얽혀 풀기 어렵게 된 상태를 갈등이라 한단다.

　개인이 다양한 선택들 사이에서 결정을 내리기 위해 고민하는 내적 갈등부터 다른 성격이나 가치관의 개인과 대립하거나 사회의 제도나 관습, 조직 등과 대립하여 일어나는 외적 갈등, 말하자면 가족, 남녀, 세대, 이웃, 학력, 지역, 종교, 이념, 나아가 민족, 국가에 이르기까지 다양하고 수많은 유형의 사회적 갈등 속에 우리는 살아가고 있다.

　이러한 갈등이 지속되면 정신적, 신체적으로도 해로우며 많은 시간과 자원을 낭비하기도 하고, 조직, 나아가 국가 같은 큰 범위에서는 해체될 수도 있다든가 하는 엄청난 물리적 손해가 따르는 역기능도 있지만, 다른 견해들의 부딪힘으로 인해 갈등의 원인을 찾아 더 나은 해결책을 찾기도 하고, 변화를 유도하여 화합의 계기를 마련한다든가 갈등 방지와 관리를 할 수 있는 방법을 터득하게도 하는 순기능도 있다.

살아가는 동안 수많은 갈등 상황에 당면하는데, 그럴 때 우리는 칡처럼 고집스레 자기만의 방식으로 휘어 감는 건 아닌지, 등나무처럼 소통 없이 제멋대로 엮는 건 아닌지 생각해봐야겠다. 갈등의 본질과 근본적 원인을 파악한 이해와 포용이 필요할 것이다.

갈등葛藤의 어원이 되는 칡과 등나무에 얽힌 추억을 끄집어내어 보면, 초등 1학년 겨울방학 때 즈음, 네 댓살 많은 동네 형들을 따라 삽과 곡괭이를 들고 계곡을 거슬러 산에 올라가서 칡뿌리를 캤던 기억이 어렴풋하다.

파내어도 끝이 없을 것만 같은 땅 속에서 뿌리가 보일 때 쯤, 더 곡괭이질을 하고 모두 힘을 합쳐 굵은 칡뿌리를 당겨 뽑아내었다. 개울가로 내려와 얼음을 깨고 흙을 씻어낸 후, 추운 날씨는 아랑곳 않고 질겅질겅 씹어 먹었었다. 씹을수록 시원한 단맛이 나던 칡뿌리의 맛과 자연 속에서 즐거웠던 유년의 기억이 가물거린다. 간혹 나뭇짐을 하다 묶을 끈이 모자랐던 할아버지는 질긴 칡 줄기를 노끈처럼 사용하기도 하셨다.

중학교 3학년 여름방학 때 학교 운동장에서 야영을 하고, 등나무 그늘아래 쉬면서 사진을 찍었던 기억이 났다. 쉬는 시간 때때로 연못의 잉어들에게 밥 주러 갈 때 간혹 들르던 그곳에는 보라색의 늘어진 꽃이 마음을 편안하게 해주었던 것으로 기억된다. 앨범을 뒤졌더니 그 흔적이 남아있다. 앳된 청소년시절의 내 모습도 아련한 추억이고, 그때의 그늘을 제공해주던 등나무가 지금은 어떨까 중학교를 찾아가보았다.

30년 훌쩍 지난 등나무는 더 덩굴을 뻗어 울창한 그늘막이 되어 있음에 세월의 흐름을 실감해본다. 더 엮여있는 등나무의 덩굴처럼 내 삶도 그 세월만큼 이래저래 많이 얽히고설키어 왔을 것이다.

▌5월의 다래나무 꽃

▌5월의 키위나무 꽃

▌다래나무와 키위나무의 공생

▌8월의 익어가는 다래나무 열매

소통 : 다래나무와 키위나무

전자에 칡과 등나무로 '갈등' 이야기를 했다면, 후자에는 다래나무와 키위나무로 공생의 '소통'을 이야기해보고자 한다.

다래는 중국에서는 '원숭이 복숭아'란 뜻의 '미후도(桃)'라 불리고, 일본에서는 '원숭이 배'로 불리며 원숭이들이 즐겨 찾는 과실이었단다. 조선후기의 실학자 이익(李瀷/1681~1763) 선생의 [성호사설](星湖僿說/천지, 만물, 인사, 경사, 시문 등 5문으로 분류한 실학서) 〈인사문〉편에 따르면 중국의 미후도를 조선에서는 '달애(怛艾)'라 표기했다 하는데, 이 '달애'가 변하여 지금의 '다래' 라는 이름으로 불리어지게 된 것이란다.

　뉴질랜드를 대표하는 과일이라 알고 있는 키위는 원산지가 중국 양쯔강 유역이다. 청나라 말기에 서양인들이 많이 거주하던 남경 일대에 덩굴식물이 많았는데, 당시 서양인들 사이에서 '차이니즈 구스베리(chinese gooseberry)'라 불리던 이 열매를 그들의 고향으로 돌아갈 때 옮겨가게 된 것이고, 1930년대 뉴질랜드의 원예가들에 의해 개량 되면서 열매 모양이 뉴질랜드를 대표하는 키위 새와 닮았다 하여 '키위 과일(kiwi fruit)'로 불리게 된 것이라 한다.

　2008년 연구소를 개소하고, 이듬해 1년생 다래나무 두 그루를 심고 터널형 지주를 만들었으니 어느덧 15년생이 되어 줄기를 뻗어 얽히고설키어 있다. 덩굴식물답게 지주를 타고 사방으로 뻗어나간다. 두 그루를 심은 이유는 암꽃과 수꽃이 다른 나무에서 열리기에 열매를 보기 위한 나름의 방법이었는데, 비타민과 각종 미네랄이 풍부한 열매는 그 새콤달콤한 감칠맛이 좋다.

　잘 커가다가 한 그루가 죽고, 몇 해 전, 대신 역할을 하도록 키위나무 두 그루를 옆에 심었다. 터널형 지주 위에서 복잡하게 얽혀 있는 줄기들이 갈등관계라기 보다는 공생의 소통관계로 읽혀지는 건 나무를 심고 가꾸는 사람만이 느끼는 것일까?

　봄의 신록과 함께 하얀 꽃들을 매달고 있는 모습이 다른 듯 닮아 있다.

　다래는 꽃잎을 좀 오므리고 있다면 키위는 펼치고 있는데, 다래 꽃이 하얗고 옴폭한 치마에 검은 실로 자수를 놓은 것 마냥 한복의 단아함이라면, 키위 꽃은 하얀 드레스에 화려한 노란 무늬의 발랄함으로 다가오기까지 한다.

녹음 짙은 여름에 하늘거리는 줄기에 앙증맞게 송알송알 맺혀있는 다래 열매와는 달리 굵고 힘찬 줄기에 연갈색 솜털을 입고 주렁주렁 맺혀있는 키위 열매는 분명 닮은 듯 다른 자태를 하면서도 제각각의 매력을 발산하고 있었다. 가을을 지나오며 열매와 잎을 떨어내고 줄기만 남아서도 서로가 서로를 감싸 안으며 함께 소통의 생을 이어가고 있다.

갈등의 연속인 우리의 삶에서 다래나무와 키위나무가 보여주는 생의 모습은 봄여름가을겨울 아름다운 모습이다. 얽히고설킨 생이라도 서로를 의지하며 이어가는 그 모습은 갈등의 해결을 위한 삶의 자세를 우리들에게 가르쳐주고 있다.

얽힌 관계를 갈등이라 하지만, 또 달리 얽힌 관계 속의 적극적인 공생을 소통이라고도 볼 수 있지 않나 싶다. 어떤 현상에 직면했을 때 생각하기 나름, 받아들이기 나름, 풀어가기 나름 아니겠는가?

| 2010년 등나무 줄기를 엮어 만든 물고기 조명

자기 노래를 그려가는 겨울 목련

생명을 생명답게 하는 겨울
나무로부터 비롯된 되새김질의 시간
새로운 봄을 그리려 준비하는 목련의 노력

나무가 보여주는 삶의 자세

시나브로 계절은 바뀌지만 지난 11월은 좀 유별났다. 20도에 육박하는 기온으로 올랐다가 눈도 내리는 영하의 기온으로도 내려가며 오르락내리락 계절을 착각하게 만들기도 하였다.

찬바람에 적응하기도 전에 내년 봄에 피울 꿈을 꾸며 꽃봉오리를 맺고 있던 삼지닥나무의 푸른 잎이 얼었다 녹으며 애처로운 모습을 하고 있다. 또 단풍과 봄꽃이 동시에 피어나는 이례적인 현상도 목격되었다.

매화 다음으로 일찍 봄을 알리는 전령사 목련도 계절을 착각하고 때 아닌 꽃을 피우더니 사과나무 꽃도 불시개화不時開花 현상을 보였다. 여름의 길었던 장마와 폭염에 이어, 때 이른 반짝 추위로 스트레스를 받은 나무들의 이상異常 생리현상이겠다.

들쑥날쑥했던 날씨가 주원인이겠지만, 갈피를 잡지 못하는 나무를 보며 오리무중五里霧中인 세상사와 나의 개인사를 읽어 들임은 침소봉대針小棒大의 표현일까? 더워야 할 때는 적당히 덥고, 추워야 할 때는 적당히 추워야 하는 자연계의 순환에 혼돈이 생기면서 우리에게 때(시의적절)의 중요성을 가르쳐주고 있는 것이라 생각되었다.

때(계절)를 가리키는 우리말 속에는 그 심오한 의미가 깃들어있다.

한 해가 다시 시작되고 새로운 것들을 본다는 '보다'의 명사형 '보옴'이 변하여 '봄'이 되고, 열매가 열리는 '열음'이 변하여 '여름'이 되고, 가꾼 열매와 곡식을 거두는 '갓다'가 '갓을'이 되고 '가슬'이 되어 '가을'이 되었다.

한 해의 마지막 장을 남겨두며 대부분의 생명이 잠시 숨을 고르는 겨울이 되었다. 겨울은 '겻다'란 말에서 유래했다 한다. '계시다'라고 쓰는 '겨시다'는 '있다', '머물다'의 뜻인데 추운 날에는 집에 '겨시다'에서 명사형 '겻을'이 '겨슬'로 바뀌고 'ㅅ'이 'ㅇ'으로 바뀌면서 '겨울'이 된 것으로 본단다.

계절을 뜻하는 한자로는 봄 '춘春'과 가을 '추秋' 뿐이었는데, 키 크고 건장한 사람이 두 손을 양 허리에 얹고 있는 모습에서 여름 '하夏', 지붕의 양 끝을 꽁꽁 묶어 놓은 모습에서 겨울 '동冬'이 비롯됐다 하는데, '동冬' 아래에 뭔가가 매달린 듯한 모습의 점 두 개는 '얼음'의 상형이란다.

영어로는 'winter'로 표기하는데 'white'와 비슷한 의미로 '하얗게 눈(얼음) 덮인 풍경'을 의미하는 것이라 한다. 동양이나 서양이나 자연을 바라보는 관점은 대동소이大同小異한 듯하다.

나무가 잎을 떨어뜨리는 것은 겨울의 부족한 햇빛과 수분, 영양분을 가지와 줄기에 선택 집중하여 살기 위해서이다. 머물며 스스로를 돌아보

| 자기 노래를 그려가는 겨울 목련(겨울눈)

고, 불필요한 요소를 덜어내어 내면을 단단하게 키워가는 겨울이 생명을 가장 생명답게 하는 때이지 않을까? 나무가 보여주는 삶의 자세이다.

겨울나무

이재무 시인의 〈겨울나무〉를 음미吟味해본다.

이파리 무성할 때는
서로가 잘 뵈지 않더니
하늘조차 스스로 가려
발밑 어둡더니
서리 내려 잎 지고
바람 매 맞으며
숭숭 구멍 뚫린 한 세월
줄기와 가지로만 견뎌보자니
보이는구나, 저만큼 멀어진 친구
이만큼 가까워진 이웃
외로워서 더욱 단단한 겨울나무

이파리가 무성할 때는 하늘조차 스스로 가려 발밑이 어둡던 나무들이 나목이 되어서야 주변이 자신으로부터 멀어져 있음을 알아차린다. 추위와 고독을 통해 더 단단해지는 나무처럼 삶의 깊은 고민과 사람과의 관계(간격)를 겨울이라는 계절과 함께 읊고 있다.

'외로워서 더욱 단단하다' 는 표현은 겨울을 나는 나무에 대한 희망과 위안의 상징적 비유일까? 앙상한 나무의 모습에서 그 생을 탐구해보며 내 삶을 되새김질해본다.

한동안 글을 쓰는 삶으로 이어지면서 누군가 작가라 불러올 때 겸연쩍어했다. 그렇지만, "불완전한 단어들이 모여 시가 될 수 있는 것은 가슴 안에 시가 있기 때문"이라 하였던가?, 불완전한 삶의 조각들과 그 언저리의 흩어진 단어들을 모아 글을 이어가며 내면세계를 다독이는 중이다. 낮에는 글이 잘 이어지지 않아 밤잠을 설쳐가며 이어보려 애쓰는데 온갖 잡념 때문에 어두운 허공을 향해 탄식歎息의 연기를 뿜어낼 때가 많기도 하지만…,

조용하던 어둠을 뚫고 여명黎明 속에 세찬 바람이 불기 시작했다. 이파리 몇 달고 있는 가지들이 바람에 흔들리며 겨울나무가 되어가고 있다. 나무 글을 쓰지 않았더라면 나는 못 보았을 것이다. 보려 애쓰지 않았을 것이다. 성장에 분주하던 나이테가 간격을 좁히는 소리 또한 듣지 못하였을 것이다.

한 해를 갈무리하는 이 무렵에 내면을 들여다보고, 돌아보는 시간을 가짐은 나무로부터 비롯되었다 해도 과언이 아니다. 삭풍에도 의연함으로 고고한 표정의 눈을 가진 목련이 내 눈에 들어온다.

나무연꽃, 목필화, 북향화

연꽃을 닮아 '나무연꽃'이라 이름 붙여진 목련은 순백의 백목련이든 매혹적인 자목련이든 그 색과 모양의 정갈함이 더 없이 좋다. 꽃이 한 잎 두 잎 떨어지며 흩어진 모습에서 누군가는 지저분하다 할 수도 있지만 목련은 꽃을 피우기 전이나 지고 난 후에도 그 어떤 나무보다도 치열한

 | 도심 속의 만개한 백목련

 | 도심 속 자목련의 절정

삶을 살아가고 있다는 하나의 흔적이지 않을까 생각해보았다. 퇴색 속에 그의 열정을 읽어 들이는 것이다.

중국에서는 연蓮이 아니라 난蘭에 비유하여 목란(木蘭/木쓴/mùlán)이라 부른다는데, 은은한 난의 향과 흡사하여 붙인 이름이 아닐까? 하나의 현상을 두고도 어떤 곳에서는 모양, 어떤 곳에서는 향기에 따라 달리 바라보이고, 해석되기 때문이겠다.

10년 전, 연구소의 흙집 앞에 백목련을 심고, 이어 자목련을 심어 잘 가꿔오고 있다. 이른 봄에 짧은 한 때를 꽃 피우고 홀연히 떨어버리는 목련이지만, 푸른 잎사귀와 그 정갈함이 좋아 눈길이 자주 갔었다.

│ 세필붓을 닮은 자목련의 겨울눈

│ 여러 겹의 옷을 입고있는 목련의 겨울눈

│ 백목련 겨울눈을 잘라 속을 관찰

 '밭 위에 흙을 쌓고 또 쌓아 올려 만든 집에서 쉬며 아름답고, 한가로운 때를 보내다' 란 의미로 흙집을 '畦休烋(휴휴휴)' 라 이름 짓고, 툇마루에 앉아 차를 마시며 유유자적할 때도 목련은 그 나름의 생을 열심히 이어오며 나와 함께 해 주었다.

 그 목련은 이제 잎을 떨어내고 가지 끝에는 뽀송뽀송한 털을 덮어 마치 붓처럼 생긴 겨울눈이 총총 달려 있다. 추운 겨울을 나기 위한 목련의 생존방식이다.

 동아(冬芽/winter bud)라고 불리는 이 겨울눈의 속이 궁금하여 하나를 따서 반으로 잘라 보았다. 봄에 피울 꽃이 오밀조밀 축소되어 촘촘하게 들

어차 있다. 털옷은 한 겹이 아니라 안에 또 다른 털옷이 있다. 마치 우리가 추위를 이겨내기 위해 여러 겹 옷을 껴입은 것과 같은 모습이다.

나무는 잎이 떨어진 자리(잎자리/葉痕)를 추위에도 얼어 죽지 않게 보호하기 위해 고유의 방식으로 겨울눈을 만드는데 가지 밖으로 나와서 비늘이나 털로 싸여있는 형태(인아)도 있고, 가지 밖으로 나와 있지만 싸여있지 않은 형태(나아), 가지나 잎자리 안에 숨어있는 형태(은아)도 있다.

비늘이나 털로 싸여있는 대표적인 나무 중에 칠엽수는 기름이 발린 비늘에 싸여 있는 것이고, 목련은 털이 달려 있는 것이다. 이런 목련의 싹은 봄에 새 줄기가 나올 때부터 자리 잡고 있다가 여름, 가을을 지나는 동안 자라다가 큼직한 털 꽃봉오리를 달고 있다. 겨울의 짧아진 햇살이라도 듬뿍 받으면서 새로운 봄을 준비하는 것이다. 봄에 짧게라도 꽃을 피우기 위한 목련의 준비는 겨울에도 여느 나무들보다도 더 부지런한 것 같다.

조선 후기의 실학자 이덕무(1741~1793), 유득공(1749~?), 박제가(1750~1805), 이서구(1754~1825)의 시를 모아 1777년 편찬한 [사가시집四家詩集] 에는 '꽃봉오리 모습은 흡사 붓과 꼭 같구나' 라며 '목필화木筆花' 라 이름을 붙였다고 하며, 대체로 북쪽으로 휘어져 있어 옛 사람들은 '북향화北向花' 라 표현하기도 했단다.

남쪽의 햇살이 꽃봉오리의 아랫부분에 먼저 닿으면서 세포분열이 빨리 이루어져 자연스럽게 휘어지면서 끝이 북쪽을 향하게 되었다고도 하는데, 방향 뿐 아니라 봉오리의 수도 남쪽보다 북쪽이 많은 것 같다.

혹한에서도 스스로를 이겨내며 아름다운 꽃을 피우려는 목련의 노력하는 삶의 자세를 엿볼 수 있다. 삭풍에 흔들리면서도 붓끝을 세워 겨울하늘을 도화지 삼아 자기만의 노래를 그려나가고 있다. 돌아올 봄의 악장을 만들어가고 있다.

봄의 교향악이 울려 퍼질 때
휴휴휴畦休休 앞의 목련 필적에
나는 흰 목련꽃 향기 맡으며
너를 위해 노래, 노래 부른다.

통찰과 성찰의 어느 즈음을 노래하다

우리의 삶에 나무의 생이 주는 의미
한국인이 가장 좋아하는 으뜸나무 소나무
안으로 주름을 새겨가며, 생을 담담하게 이어가며

노래 속의 나무

고등학생 시절, 정규수업을 마치고 자율학습 시간이 되면 연극 연습한다고 체육관으로 향했다. 그 당시의 자율이라는 것이 학생들을 교실에 가둬 두고 스스로 공부하게 하는 것이었다. 나는 합법적인 일탈을 꿈꾸었고, 그것이 연극반이었다. 물론 허파에 바람들어간 허세도 어느 정도 있었던 청소년기였다.

선배들과 체육관에 모여 연극 연습한다는 것이 매트를 깔아 놓고 덤블링 하며 논다든가 노래를 부르는 것이었는데, 그때 선배들이 가르쳐 준 노래가 〈솔아 솔아 푸른 솔아〉이었다. 목청껏 소리 높여 노래를 부르고나면 대본읽기가 잘 되었다. 'ㄹ'이 들어간 '솔'을 자꾸 소리내다보면 발음이 잘 되었다. 입을 풀기 위한 하나의 의식이었을텐데 왜 장엄한 민중가요였을까?

푸른 하늘을 향해 뻗은 소나무
엄동에도 푸른 잎을 달고 당당하게 살아갈 수 있는 것은 안으로 새겨진 힘 때문이지 않을까?

만 스무 살이 되기도 전에 자원입대하여 병역을 다하고자 했던 청춘시절이었다. 훈련소 입소하자마자 여러 군가를 계속 외우게 하고 큰 소리로 외쳐 부르게 했다. '젊은 넋 숨겨간 그때 그 자리 / 상처 입은 노송은 말을 잊었네'라는 가사의 〈전선을 간다〉를 부를 때면 뭔지 모를 비장함이 가슴 속에서 솟구쳐 오름을 느꼈다.

학업으로 객지를 전전하며 자취생활을 이어갈 때 노래는 큰 위안이었다. 특히나 감수성 예민할 20대의 끝자락에서 듣던 노래들은 타향, 타국에서는 눈물샘을 자극하기에 충분했다. 노래를 듣다 보면 어느새 눈물이

주르륵 흐르던 그때지만 지금은 메말라버린 듯하다.

그때의 노래들 중에는 '나무엔 열매가 없어도, 가지에 꽃은 피지 않아도 하늘을 우러러 난 부끄럽지 않소'라는 노랫말이 유독 나의 눈물샘을 자극하고, 삶의 의지를 자극하던 〈나무의 서序〉라는 노래도 있었다.

이렇게 노래들과 함께 해 온 지난 삶의 과정이었는데, 유독 나무라든가 특정의 나무 이름이 들어가는 노래들은 마음의 동요動搖를 더 불러 일으켰다. 항상 그 자리에 선 나무에 자신을 빗대어 누군가를 기다리거나 무엇을 염원하는 자신의 상황이나 감정을 비유, 표현했기 때문이겠다.

음원 스트리밍 사이트에 '나무'란 단어가 들어간 음악이 1만 1천여 곡에 이르고, '숲'이란 단어가 들어간 음악도 1만 2천 곡이 넘는다 한다. 나무의 영어식 표기 'Tree'란 단어가 들어간 곡은 무려 7만 곡이 넘는다는 것은 우리 삶에 있어 나무가 얼마나 중요한지를 대변하고 있는 것이겠다.

'사랑'이 들어간 곡은 22만 곡이 넘고, '행복'이란 단어가 들어간 곡도 5만 곡이 넘으며, '기쁨'은 1만 곡, '슬픔'은 7천 곡 정도란다. 보편적 감정인 '희노애락喜怒哀樂' 중 '기쁨(喜)'이나 '슬픔(哀)'보다 '나무'가 더 많은 곡을 차지한다는 것은 그만큼 사람의 삶에 있어 나무의 생이 주는 의미가 큰 것이라 볼 수 있겠다.

나무를 바라보는 차이

언젠가부터 사람과 관련한 근원적 문제나 사상, 예술 등 경계를 넘어 인문학이 유행이다. 얼마 전에 자연생태를 다루는 곳에서 강의 의뢰를 받았다. 수강 대상이 생태해설 전문가들이란다. 왜 강의 요청을 하느냐 물어보니 인문학적 관점에서 나무 이야기를 들려달라는 것이다.

과연, 어떻게 이야기를 해야 인문학적일까?, 나무 이름 몇 가지 외우거나 나무마다의 생태적 특징을 요목조목 잘 설명해주기를 기대하는 것은 아닐 것이다.

역사나 예술, 위인들의 삶 속에 등장하는 이름 있는 나무 이야기를 나는 하지 않으려 했다. 왜, 어떻게 해야 내가 사람답게 즐겁고 행복하게 살 수 있나 하는 물음에 대한 답을 찾는데 있어 나무가 한 소재로 자리하는 것이겠고, 그 답을 찾는데 있어서의 방법 중 하나가 '나무를 바라봄' 그리고 '나를 바라봄' 이기 때문이다.

나의 졸필에 꾸준히 눈길해주며 독후감상이랄까, 댓글을 보내주는 주변 사람들이 참 고맙게 느껴질 때가 있다. 범람하는 영상콘텐츠와 텍스트 속에서도 누군가에게 읽혀지는 글은 그 자체로도 소중하며 행복한 일일 것이다. 그래서 내 글이 미약하나마 누군가와 공감대를 가지며 어떤 의미를 만들어가고 있다 생각하기에 나 스스로에게도 자꾸 글을 이어가라고 독려하게 된다.

독자들 중에는 때때로 "어디 어디에 어떤 오래된 나무가 있는데, 그걸 글로 다뤄보면 어떨까?", "어디 어디에 어떤 멋지고 큰 나무가 있는데, 글 소재로 좋지 않을까?"라며 권유를 해오는 분들도 있다. 고맙긴 하나 내가 나무를 통해 발견하고, 또 표현하고자 하는 것이 아니라 사양하게 된다.

주변의 작은 한 그루 나무를 보면서도 "그 나름의 순리에 따라 살아가더라.", "지혜롭게 살아가더라.", "어떤 배울 점이 있더라." 등등 나에게는 그런 의미들이 더 소중하기에 사양하는 것이다. 권유를 해오는 그런 매력들이라면 나 말고도 더 전문가적 견해로 나무를 다룰 분들이 많음을 알기 때문이기도 하다.

관점의 차이란 쉽게 말해, 보는 점의 차이 일텐데, 어떻게 봐야 잘 보는 것일까? 조금 어렵게 표현한다면 '통찰洞察'과 '성찰省察' 그 어느 즈음이겠다. 여기서의 '찰察'은 '알다', '살피다', '나누다', '자세하다', '다스리다', '드러나다' 라는 한자의 의미 그대로이다.

으뜸나무 소나무

노래 속에 등장했던 나무들 중, 소나무 이야기를 해볼까 한다.

엄동의 역경 속에서도 늘 푸른 모습을 간직하는 소나무는 '송죽松竹의 절개'라 표현되기도 하며 매화, 대나무와 함께 추운 계절의 세 가지 벗 중 하나로 여겨 '세한삼우歲寒三友'라 하여 조선시대에는 선비정신과도 그 결을 함께 해 왔고, 옛 혼례식의 초례醮禮상에 소나무와 대나무를 꽂는 것은 그 나무들처럼 신랑신부가 서로 곧은 절개를 지키며 살아가라는 뜻을 담고 있다 한다.

애국가 2절의 '남산 위의 저 소나무 철갑을 두른 듯, 바람서리 불변함

| 2008년 진등산에 심은 어린 소나무 묘목

| 2023년 진등산의 성장한 소나무

은 우리 기상일세' 라며 노래한 것을 보면 우리나라 사람들에게 있어 소나무는 어느 나무들보다 더 각별한지 알 수 있다.

하지만, 사철 푸른 잎을 가졌다고 소나무를 지조와 절개의 상징으로만 묘사하거나 극찬하는 것은 소나무에 대한 일변도의 고정관념이지는 않을까 생각해보게 된다.

한국인이 가장 좋아한다는 소나무는 솔방울, 솔잎에서 보이듯 순 우리말로 '으뜸'을 뜻하는 '솔'이란다. '솔+나무'의 합성어인데 'ㄹ'이 탈락되어 생긴 말이다.

예로부터 아이를 낳거나 장을 담글 때 금禁줄을 두르는데, 숯, 고추, 종이와 함께 솔가지를 끼워 벽사辟邪의 의미를 두었다. 마을의 안녕과 평화를 지키는 성황당城隍堂의 동신목洞神木으로도 소나무를 숭배하는 사례가 많다거나 천연기념물로 지정된 나무 중에 가장 많은 수를 점유하고 있을 정도로 소나무는 우리와 밀접한 관계를 맺으며 살아가고 있다.

또 해, 달(구름), 산, 물, 돌, 불로초, 거북, 학(두루미), 사슴과 함께 십장생十長生의 하나로 장수를 상징하기도 하며 문학, 회화, 음악 등에서도 소재로 많이 다루어졌을 뿐 아니라 실

▎소나무꽃

▎소나무 열매 솔방울

생활에 있어 기둥, 대들보, 서까래 등의 건축용재로 쓰이거나 배를 만드는데도 많이 쓰였다.

'초근목피草根木皮'라는 사자성어가 있을 정도로 어려웠던 보릿고개 시절을 버티는 데 그 속껍질이 식용으로 쓰였고, 나무 그 자체는 화석연료가 발달하기 전, 주요 땔감이 되었다. 꽃가루(송홧가루)는 차와 다식, 약용으로도 쓰이고, 소나무를 태울 때 나는 그을음으로 먹(松烟墨)을 만드는 등 전천후로 그 쓰임이 다양하다.

소나무는 잎에서 타감他感작용을 일으키는 갈로탄닌(gallotannin)이라는 천연 제초제를 분비하기 때문에 소나무 숲에서 함께 자랄 수 있는 식물이 별로 없을 정도로 이기적이기도 하단다. 햇빛을 좋아하는 양수陽樹인 소나무는 너무 밀식된 상태라면 자신들의 그림자에 가려 아래쪽의 가지와 잎들이 죽는 특성도 있다.

바람이 꽃가루받이를 해주는 대표적인 풍매화風媒花로 봄철에 바람을 타고 온통 누렇게 만들어 버리는 송홧가루를 결코 좋아할 사람은 많지 않을 것이다. 그렇지만, 이런 송홧가루는 급변해가는 환경에 후손을 많이 만들어 살아가려는 소나무의 적극적인 생의 모습으로 바라봐야 할 부분이기도 하겠다.

안으로 새겨진 힘

어릴 적 놀았던 마을 어귀의 당산, 소나무 아래로 갔다. 지난봄에도 임종을 앞둔 아내를 안타까워하며 소나무 아래로 와서 마음을 다잡던 시간이 있었다.

때마침, 백로 몇 마리가 여유롭게 앉아있더니 가까이 다가가 보려하자

| 백로가 날아드는 당산 소나무

 훌쩍 날아가 버린다. 남쪽 따뜻한 곳으로 가야 하는 철새의 습성을 잊은 듯, 오락가락 하는 세월을 백로도 아는 것일까? 떨어진 솔방울을 만지작거리다가 내 손가락을 본다.

 수저를 잡을 때, 볼펜을 쥘 때, 키보드를 칠 때 제일 많이 쓰는 손가락이 오른쪽 엄지와 검지손가락이다. 십수 년 전, 목공작업 중에 기계대패에 밀려 1cm가량 날아가 버린 사고가 있는 손가락이다. 불행 중 다행으로 피부 조직을 살려 지금은 크게 흉터가 보이지 않고, 생활에도 불편함이 없지만 당시로서는 큰 시련이었고, 그 사고 이후로 목공작업에서 한동안 멀어졌었다.

 사고의 원인은 안전에 대한 소홀함 때문이었겠지만, 소나무 속의 옹이에 튀면서 나무판재를 놓친 손가락이 기계 속으로 밀려들어갔기 때문이다. 그때 겉으로 드러나지 않는 나무의 시련인 옹이를 통해 내 인생의 시련을 맞는 경험과 배움의 시간이었다.

이후로, 또 많은 시간이 흘러 전혀 다른 방향의 삶을 살아가고 있는 내 얼굴에 새겨진 잔주름들을 보며 지난 세월을 아쉬워해본다.

사람들은 자신의 모습에서 주름을 발견하면서 세월의 무상함을 느끼며 안타까워하지만, 피해갈 수 없는 세상의 진리이자 숙명이다. 나무도 마찬가지로 나이를 먹지만, 세월을 거부하거나 무상함을 느끼지는 않을 것이다. 오히려 안으로 연륜年輪이라는 주름을 새겨가며 생을 담담하게 이어가고 있다.

나이테라고도 하는 나무의 주름을 잘 볼 수 있는 나무가 소나무이다. 자세히 보면 그 테의 간격이 일정하지 않듯, 사람도 어떻게 살아왔느냐에 따라 주름이 다 다르다. 시련의 흔적인 옹이도 있다. 사람도 시련 없는 삶이 어디 있겠는가? 누구나 몇 몇 옹이를 다 갖고 살고 있을 것이다.

오히려, 안으로 새겨진 주름과 옹이를 '견디는 힘耐性'이라 생각해보면 어떨까? 소나무가 거센 비바람과 엄동에도 푸른 잎을 달고 살아갈 수 있는 것도 안으로 새겨진 주름의 힘이지 않을까?

관점의 차이란 통찰洞察과 '성찰省察' 그 어느 즈음이겠다.

〈나무의 서〉 2절을 불러본다.

끝없는 고통의 사막이요 / 나눌 수가 없는 아픔이요 / 캄캄한 이 어둠 속에 / 내가 섰을 뿐이요 / 마음이 가난할지라도 / 내일이 오늘 같을지라도 / 움켜쥔 흙이 있어 / 난 두려웁지 않소 / 언 땅 위에 우뚝 선 / 우린 푸른 겨울나무요

┃ 청년 소나무의 나이테와 옹이 (30년 추정)

나무향기, 사람향기

나무 스승 두 분으로부터의 배움
나무와 함께 지평을 넓혀가던 청년
나무를 다루는 일은 미술과 기술이 아니라 철학

▌ 편백나무 숲에서 나무향기, 사람향기를 맡으며 (1960년대 천성산 원효골에 심은 할아버지의 편백나무)

두 분의 나무 스승

나에게는 나무 스승이 두 분 계셨다.

한 분은 천성산을 작업장으로 숯을 구워가며 빈농의 집을 온몸으로 일으켜 세웠던 나의 할아버지였다. 이른 새벽부터 시작된 나무일을 위한 도구의 손질에서부터 노동의 현장 그 자체로 정직과 성실이 무엇인지를 손수 보여주셨고, 그 덕에 자연스레 나무 다룸을 보고 자라오며 지금 이렇게 나무 글을 이어가게 된 까닭일지도 모른다.

또 한 분은 20여 년 전, 일본 유학시절 만났던 前 'Oak village'의 대표이자 現 'Yuica'의 대표로 계시는 이나모토 타다시(稲本 正)씨다.

겨울 천성산에서 내려다 본 양산시내 (참나무 산 천성산은 할아버지의 작업장)

和木 - 일본 기후현 여름의 삼나무 숲

나무를 활용한 건축, 가구, 아로마 사업을 하는 기업가로, 환경운동가로, 교육가로, 저술가로 활동하고 계신 분으로 "그릇에서 건축까지", "어린이 한 명 도토리 한 알", "100년 키운 나무는 100년 사용할 수 있는 물건으로"라는 나무에 대한 그의 철학은 앎에 대한 실천과 나무를 통해 세상을 바라보는 다양한 마음의 자세를 일깨워주었었다. 내가 고향으로 돌아와 연구소를 운영하게 된 근원을 제공한 인생 롤 모델(Role model)이다.

도쿄에서 6시간가량 달려가야 하는 중부지방 기후현(岐阜県)의 타카야마(高山)에서 전기를 사용하지 않고, 1박2일 프로그램을 진행하는 '에코캔들나이트(Eco Candle Night)'라는 행사가 있어 직접 찾아 갔었다. 그 자리에서 만난 왜소한 체구의 사장님이 이나모토 씨였는데, 한국 유학생이 이곳까지 찾아오게 된 이유가 알고 싶었다며 함께 나무이야기며 이런저런 이야기를 나누게 되었다. 그렇게 시작된 그분과의 인연은 나를 다른 세상으로 안내하고 있었다.

지금이야 보편화된 내용들이지만, 20여 년 전, 그 시절에 탄소중립, 로컬푸드, 에코마일리지, 생태계순환 같은 이야기를 들으며 새로운 세상에 눈을 뜨게 되었다. 때때로 만날 때마다 "전군, 자네 나라도 언젠가는 이런 것들을 필요로 하니 준비를 해보게"라며 조언해주었다.

물리학 전공자답게 노년에도 나무의 현장에서 활동을 이어가는 그로부터 산림의 순환, 교육의 중요성, 나무의 올바른 활용, 환경을 생각하는 사업 등을 배울 수 있었는데, 그 인연으로 내 생각의 방향은 많이 바뀌었지만 돌아온 한국 사회에서 내가 할 수 있는 상황을 만드는 힘이 부족하여 아직 현실화 시키지 못하고 있는 상태이다. 녹록지 않은 현실세계 앞에서 머뭇거리며 머릿속으로만 되뇌고 있을 뿐이다.

온고지신과 지피지기

나무와 관련하여 지난 학업의 현장을 돌이켜보면, 일본 대학에서의 아트매니지먼트(Art Management) 수업에서는 각자 자신만의 주제를 정해서 발표하는 시간이 있었는데, 나의 주제는 '和木(일본나무)'였다. 일본 학생들도 잘 모르는 그들의 나무를 한국 유학생인 내가 연구, 발표하면서 호평과 함께 좋은 성적을 받았던 기억이 있다.

당시 나의 취미는 주말이 되면 곳곳의 인테리어 숍으로 구경 다니는 것이었는데, 도쿄의 한 디자인센터에 입점해 있는 가구 메이커의 쇼룸에서 격주에 한 번씩 스텝들에게 한국어를 가르치는 활동을 했었다. 새삼 모국어의 중요성을 인식하며 그들에게 내 나라 말과 글을 비롯해 다양한 문화를 소개했었다. 한류 문화전도사를 자청했던 시절이다.

히다(飛騨/타카야마 지역의 옛 이름)의 가구들은 디자인도 훌륭하지만 목재의 엄선과 가공 기술이 뛰어났었고, 수입 나무가 아닌 그들의 나무를 적

2004년 한국의 장구를 모티브로 일본의 부나코기법
(너도밤나무 감기)으로 만든 조명

2005년 한국의 소반과 일본의 이로리를 합친
16각 하코젠(상자 소반)

극 가구에 도입하여 성질이 무른 삼나무(杉)의 단점이나 옹이부분이라든 가 버려지는 자투리 나무도 기술로 보완하여 강점으로 승화시켜나가고 있었다.

그때 나는 한국문화를 가르치며 그들로부터는 일본 나무와 가구를 배웠었다. 그리고 서울의 한 백화점에 납품할 수 있도록 가교역할을 하며 일본과의 목재, 가구 교역과 유통에 관심을 가지기 시작했었다.

하지만, 한국과 일본 모두 좌식생활을 하는 주거환경이지만 난방(온돌) 시스템 같은 구조의 차이점을 비롯해 국민정서, 나무에 대한 이해도의 차이 등으로 일본 가구가 한국사회에서 통용되기 어렵다는 것을 그 때 간파했었다.

그렇게 일본 속에서 한국을 알리며 그들의 우수함을 배우고자 했던 나의 학습 주제는 온고지신溫故知新과 지피지기知彼知己이었다. 한국의 문화에 일본의 나무와 기술을 접목하는 연구와 창작활동으로 한 디자인센터에서 후원하는 전시의 기회를 유학생 최초로 얻어 창작세계의 지평을 넓혀가던 꿈 많던 청년이 있었다.

삼나무와 편백나무

일본에서 빼놓을 수 없는 나무가 삼나무와 편백나무이다. 이들 나무는 우리나라에서는 일제강점기에 조림되기 시작하면서 제주도나 남부 해안지대에 방풍림으로 주로 심어졌다가 최근에는 목질이 부드럽고, 향이 뛰어나며 피톤치드가 다량 함유되어 있다는 것이 알려지며 경제수림으로 많이 식재되어지고 있다.

일본에서 삼나무는 건축에서 골조나 내외부의 마감재로 주로 쓰이고,

편백나무는 목욕문화가 발달한 일본에서는 습기에 강하면서도 목질이 부드럽고 가벼워 주요 소재로 쓰이고 있다.

특히 삼나무는 'Cryptomeria japonica'라는 학명에서 보이듯, '일본의 숨겨진 재산'이라 불리며 전 세계 60%의 삼나무가 일본에 있고, 일본 국토 면적의 13%를 점유할 정도로 많은 나무이다.

2차 세계대전 이후, 군수용물자 조달을 위해 황폐화된 국토재건과 경제수림 조성을 위해 밀식으로 조림된 삼나무 숲(조림 면적의 40%를 삼나무가 차지)이 1960~70년대 경제성장을 거치며 육림을 제대로 하지 못한 채 국산재보다 가격이 싼 수입재로 많은 건축재와 가구재가 대체되면서 숲 가꾸기를 놓친 상황이다.

일본 어디를 가나 줄지어 빽빽하게 들어찬 삼나무 숲을 자주 만날 수 있고, 봄철 꽃가루 알레르기(allergy)의 주원인이 삼나무의 수꽃이 편서풍을 타고 퍼져나가는 것 때문이란다.

임진왜란 당시, 해상전의 함대를 통해서도 조선의 소나무와 왜(일본)의 삼나무가 많이 비교되는데, 소나무를 주재료로 만든 조선의 판옥선은 무거운 대신 튼튼하고, 각종 화기의 탑재와 조립이 가능한 구조로 부분수리가 가능한 이점이 있었고, 세키부네(關船)라 불리는 왜의 관선은 삼나무로 만들어 가볍고 빨라 근접전에 최적화되었지만 내구성이 약한 단점이 있었다.

각종 영화나 드라마를 통해서도 보았듯, 조선의 소나무로 만든 판옥선(거북선)이 왜의 관선을 향해 포를 쏘며 충돌하여 박살을 내는 장면을 떠올려보면 나무의 성질을 잘 이해할 수 있을 것이다.

삼나무와 편백나무, 그리고 가로수로 많이 식재되어 있는 메타세쿼이

| 일본 토야마현의 눈에 덮인 삼나무 | 양산 법기수원지의 히말라야시다 |

아라든가 근현대기에 지어진 많은 학교들의 교목으로 지정된 히말라야시다(개잎갈나무)는 일반인들이 구분하기 어려운 나무일 수도 있겠다.

  쉬운 식별 방법에 있어 다른 나무들은 사철 푸른 바늘잎나무인데 비해 메타세쿼이아는 낙우송과로 가을이 되면 붉은 갈색으로 물들고, 겨울되면 나목으로 도로변에 줄지어 있는 모습을 통해 쉽게 파악할 수 있다.

  삼나무와 편백나무를 가장 흔하게 볼 수 있는 일본이지만, 우리나라에서는 특정 지역에 조림을 통해 휴양림이나 관광의 특수효과를 보고 있는 나무이기도 하다.

  우리 지역에서는 법기수원지에 편백나무와 히말라야시다, 소나무(반송), 벚나무가 잘 식재되어 가꿔지고 있지만 그 출발점이 일제강점기 때 일본인에 의한 것이다. 최근 방문한 범어사에서도 아름드리 삼나무를 만나게 되었다. 그 크기를 봐서는 이 역시도 일제강점기 때 식재되었을 것으로 추정된다.

머금은 시간들이 뿜어내는 향기

나무 작업을 해 보면 함부로 자르지 못하는 경우가 있다. 오랜 세월을 견뎌온 아름드리나무를 베어낼 때면 더 더욱 그렇다.

1960년대에 할아버지께서 막내아들(아버지) 집 지을 때 서까래로 쓸 거라며 심었다는 리기다소나무를 베어낼 때, 오래된 나무의 기운을 느끼며 조심스레 베어냈었던 경험이 있다. 그리고 그 자리에 편백나무 200그루를 심었다. 지난해에는 다시 1ha(약 3,000평)를 정비하여 편백나무를 심어 가꿔가고 있다.

쇠는 녹여서 다시 붙이면 되고, 흙은 반죽해서 다시 붙여가며 만들면 되지만, 한 번 자른 나무는 다시 붙이기 어렵고 반드시 자국을 남긴다. 그리고 나무를 켤 때면 제각각 향이 다르다. 어떤 나무는 달콤하게, 또 매캐하게, 또 구수하게 그 향이 다르고, 톱날이 지나갈 때의 느낌도 개운하게, 애잔하게, 섬뜩하게 각각 다른 기분이 든다.

각각의 나무마다 고유의 성질이 있고, 자라온 토양과 환경에 따라 그 시간들을 머금고 있기 때문일 것이다. 잘리고 말려져 쪼그라들고, 비틀어진 나무가 또 잘리고, 깎여져 갖가지 기물이 되어도 제 각각의 색상과 질감, 향기를 머금은 채 숨을 쉬고 있는 것이 나무이다.

그래서 나무를 다루는 일은 멋진 디자인과 훌륭한 기술에 앞서 나무의 성질(물성)을 헤아려 적재적소에 쓰는 것이 가장 중요하다 생각한다.

| 리기다소나무의 그루터기

미술과 기술이 아니라 철학인 것이다.

　나무들이 모여 있는 숲에 가면 물, 새, 벌레 등의 여러 소리들과 함께 특유의 향이 있다. 한 나무만이 아니라 숲을 이루고 있기에 정확히 어떤 나무의 어떤 향기라고 할 수 없지만 분명 향기를 가지고 있다.

　머리를 맑게 해주고, 피부염을 개선시키며, 알레르기성 염증이나 천식에 효과가 있다는 나무의 향기물질인 피톤치드(phytoncide)를 많은 사람들은 마치 편백나무나 삼나무 등 특정 나무에서만 나온다고 오해하는 경우가 많지만, 대부분의 나무들은 다 뿜어내고 있다. 활엽수보다는 침엽수가 더 많기 때문에 잘 못 인식하는 것이 아닐까 생각한다.

　피톤치드(phytoncide)는 그리스어로 '식물'을 의미하는 'phyton과 라틴어 '죽이다'를 의미하는 'cide'의 합성어인데, 그대로 해석해보면 '식물로부터 뿜어져 다른 생물을 죽이는 물질'이 되지만, 더 깊이 해석해보면 병원균, 해충, 곰팡이 등 유해한 생물을 죽이는 것은 물론 다른 식물의 성장이나 종자의 발아를 억제시키고 생리활성을 돕는 포괄적인 의미로 해석해볼 수 있겠다.

사람에게 있어서는 유해생물을 죽여 이롭게 해준다는 피톤치드 향기를 맡으러 예전 할아버지께서 가꿔 놓은 편백 숲으로 들어가 본다. 어떤 향기가 세월을 타고 코끝을 자극한다. 이윽고, 나의 머리와 가슴 속으로 그 향기가 스며든다.

세상을 정직하게, 성실하게 살았던 나무 스승의 향기가 나에게로 스며든다. 미래를 내다보고 지혜롭게 살아가는 나무 스승의 향기가 더 적극적으로 움직이라며 나를 자극시킨다.

| 편백나무를 만지며, 향기를 느끼며

색즉시공 色即是空 공즉시색 空即是色

사랑과 아픔의 기억들을 삼키며
위안과 희망의 상징이자 동반자
지혜의 눈과 마음으로 보고, 깨달음을 얻는 것

엄마나무 호두나무

한 해 끝자락의 보름달이 걸려 있는 나목裸木의 호두나무는 충만했던 한 해를, 한편으로는 허무했던 한 해를 상징하듯 중첩되어 다가온다.

호두나무는 한민족에게 있어 하늘, 땅, 사람을 아울러 이르는 천지인삼재天地人三才로 읽히기도 하고, 정월대보름날 한 해의 건강을 염원하는 부럼을 떠올리게도 한다. 이런 것들이 묵직하게 다가온다면 또 누군가는 고속도로 휴게소의 군것질 호두과자 정도로 가볍게 연상시킬 수도 있겠다.

정확한 표기가 '호두'냐, '호도'냐 헷갈려 하는 사람들도 있지만, 앵도櫻桃를 앵두로, 자도紫桃를 자두로 부르는 것처럼 중국 한나라 때 외국(원산지는 페르시아)에서 들어 왔다고 오랑캐를 뜻하는 '호胡'에 열매 모양이 복숭아를 닮았다고 '도桃'를 붙여 부른 '호도'를 그대로 받아들여 부르다가 점점 변하여 '호두'가 표준어로 된 것이라 한다.

원산지와 열매의 모양에서 이름을 따온 호두胡桃처럼 이름 하나에도 어떤 의미를 두고 붙이게 되면, 하나하나의 현상들이 예사롭지 않게 다가온다. 애당초 어떤 의미를 가지는 것이 아니라 어떤 의미를 붙였기에 현상이 달리 읽혀지는 것이라 하겠다.

각각의 의미를 담고 이름을 붙여 놓은 내 주변의 나무들도 그렇다. 둥근 보름달이 걸려 있는 호두나무도 겨울 나목의 모습이지만, 그 안으로는 작은 동그라미 하나를 그렸을 것이다. 사랑의 기억, 아픔의 기억들을 삼키며 아름다운 동그라미 하나를 새겨 넣었을 것이다.

2015년 아들 지안이가 태어나고 이듬해 봄에 심은 호두나무인데, '아들나무'가 아니라 '엄마나무'로 이름 붙였다. 나무 그 자체에 의미를 두고 이름을 붙인 게 아니라 나무를 심어놓고 이름을 명명하자니 예쁜 딸과 멋진 아들을 낳아준 아내에게 감사해하며, 우리 아이들과 함께 어떤 새로운 열매들을 맺어가며 살아가자는 의미를 새겨 넣었던 것이다.

도시에서 살아오며 식물이나 동물들에 별 감흥이 없던 아내는 자기 이름을 붙여준 호두나무에는 그래도 눈길을 자주 보냈었다. "네 나무에 잎이 돋아나고 꽃이 피려하고 있어. 느껴져?" 하늘나라로 가기 전, 마지막 집에서 봄이 되어 돋아나는 새싹들과 초록들을 볼 수는 없었어도 아내는 자기 나무의 꿈틀거리는 생동감을 느꼈을 것이다.

내가 나무 글을 쓰기 수개월 전부터 아내는 항암치료의 부작용으로 시신경에 문제가 생기면서 눈이 안 보이기 시작했는데, 글을 읽어주면 고개를 끄덕이며 입가에 미소를 띠었다. 별 영양가 없을 남편의 글에도 늘 교감과 함께 무언의 응원을 보내주었다. 아내는 가고 없어도, 아내를 닮아 말없이 지켜봐주는 호두나무가 내 곁에 남아있다. 그 나무와 함께 품은 내 아이들이 나와 함께 하고 있다.

모든 것을 내어주고 마지막까지도 활활 타올라
따뜻함을 주고 가는 나무
너는 누구에게 한 번이라도 뜨거운 사람이었느냐?

| 호두나무의 나목 사이로 떠오른 보름달

사유의 노동

그랬다. 한 해의 끝자락에서 소박하게 말없이 서 있는 호두나무 한 그루의 모습에서 삶의 가치를 찾아보게 된다.

이른 봄에는 추위로 냉해를 입더니 여름에는 태풍을 맞으며 가지가 꺾이고, 잎이 찢기는 아픔도 있었다. 그런 역경 속에서도 호두나무는 뿌리를 깊숙이 뻗어 내리고 초록 잎을 하늘거리며 시원한 그늘도 만들어주었고, 열매도 안겨주며 주어진 생에 열심이었다. 지금은 추위 속에서도 봄을 향한 새로운 시작을 준비하며 다른 나무들과 함께 안분지족安分知足의 생을 이어가고 있다.

꽃 수정 후 열매가 맺혀가는 5월의 호두

무르익어 속을 드러내는 9월의 호두

2022년 호두나무 앞에서 딸 지아와 아들 지안이

나무란 무엇일까? 대부분의 사람들이 당연히 알고 있을 것이라 생각하지만, 정의를 내리기가 쉽지 않다. '줄기나 가지가 단단한 목질로 된 여러해살이 식물을 통틀어 이르는 말'이라는 사전적 정의가 오히려 모호하게 다가온다. 사람마다 느끼는 나무에 대한 감정이 다르고, 제각각의 나무들마다 생태적 특징이 다르고, 그 쓰임 또한 다르기에 한마디로

265

요약하기는 어렵겠다.

　생태학적 측면에서의 나무는 사람을 비롯한 온갖 동물들이 생산해낸 이산화탄소를 머금고 땅 속의 뿌리로 물을 빨아들이며 잎사귀로 햇빛을 받아들여 산소를 만들어 준다. 계절마다 형형의, 색색의, 향향의 꽃으로 눈과 코를 즐겁게 해주고 사람 몸에 좋은 열매와 약으로 입과 오장육부를 즐겁고 이롭게도 해준다. 또 온몸으로는 집을 짓고 가구와 도구를 만드는 목재를 주며 여러 동식물의 생활터전이 된다.

　내가 내리는 나무의 정의는 집이 되고, 먹거리가 되고, 많은 생명들이 살아가게 하는 환경을 제공해주는 것으로 뭇 생명들과 함께 해가는 동반자다. 또한 위안과 희망의 상징과도 같다.

　흙집에 군불을 지핀다. 장작을 패다보면 나무의 가치와 쓰임을 새삼

| 소나무를 깔고 참나무 얹어 불 지피기

발견한다. 나무를 다뤄 기물을 만드는 일을 할 때의 그 쓰임과는 다른 의미의 쓰임과 존재의 이유를 생각해보는 사유의 노동이다.

바짝 마른 장작이라도 소나무는 기분 좋게 쪼개지는데 비해, 참나무는 여간 내리쳐도 여물어서 잘 쪼개지지 않는다. 불이 잘 붙는 소나무를 아래에 깔고, 오래 타는 참나무를 위에 올리며 활활 타올라 제 몸은 재가 되면서도 방안 가득 온기로 채우며 죽어서도 존재가치를 발하는 모습에서 삶의 이유를 다시 새겨보는 시간이다.

"너는 누구에게 한 번이라도 뜨거운 사람이었느냐"며 연탄의 헌신적인 모습을 노래한 안도현 시인의 〈너에게 묻는다〉와 흡사 같은 느낌이다. 모든 것을 내어주고, 가는 마지막까지도 사람에게 따뜻함으로, 또 그 재는 거름으로 다른 생의 자양분으로 쓰이는 아름다움을 보게 된다.

아름다운 삶

아름다움은 무엇일까? 사람에게, 세상에게, 또는 나무의 생에도 '아름답다'는 표현을 하지만, 아름다움의 정의는 과연 무엇일까?

나무가 제각각의 다른 의미와 쓰임으로 달리 해석되듯이 구별 짓고, 실체를 요약해서 정의하고자 하는 세상에서 '아름다운 삶'이란 도대체 어떤 것일까도 생각해보게 된다.

몇 가지 측면에서 살펴보면, '앎+답다'는 아름다운 삶은 어떤 것에 열정을 갖고 알아가는 삶의 자세이다. 그리고 '아름+답다'는 두 팔을 벌려 껴안을 만치의 넓은 둘레로 충만한 상태를 의미하기도 한다. 또 '아(我/나)+답다'는 누구를 흉내 내는 삶이 아니라 나의 가치를 나 스스로 빛나게 하는 '나다운 것'이라는 자기철학의 표현이라 하겠다.

그래서 '아름다움 삶'은 단순히 겉모습의 문제가 아니라 주어진 삶을 어떻게 살아가야 할지 알아가고(배움), 세상을 따뜻한 시선으로 바라보며(사랑), 감싸 안고(관용), 나답게 삶을 펼쳐가는(자존감과 자신감) 것이다. 여기서의 '것이다'는 것일 수도 있고, 아닌 것일 수도 있는 '공(空)'이겠다.

아내가 갔어도 내 마음 속에 있고, 또 희망의 상징인 아이들이 내 곁에 있는 것과 같이, 나무 생의 끝이 장작의 쓰임으로 활활 타서 없어져도 온기는 남듯이, 호두나무는 꽃도, 잎도 모두 떨어뜨리고 비어있지만 내년의 열매를 준비하는 충만함으로 가득 차 있듯이 없으면서 있고, 어둡지만 밝고, 춥지만 따뜻하고, 죽었지만 살아있는 양면의 현상이 '공(空/비움)'이 아닐까?

그것이 '아름다운 삶'을 의미하는 '만(滿/채움)'이지 않을까? 말하자면,

▍프리즘을 통과한 무지개 색

색즉시공 공즉시색色卽是空 空卽是色인 것이다.

　모든 존재가 시공간 속에 위치하는 하나의 현상이고 형상이다. 그 형상은 실재일 수도, 가상일 수도 있으며 어떤 의미를 두느냐 하는 사람의 인식을 통해 어떤 관념이 만들어진다. 고정된 인식보다는 상반된 개념 사이의 관계성과 연결을 통해 최선의 지혜에 도달할 수 있다는 의미를 색즉시공色卽是空이라 한단다.

　존재에 대한 물음과 해답이 함께 담겨 있는 '공空'은 지혜의 눈과 마음으로 본질을 보고, 진정한 깨달음을 얻는 것이라 하겠다.

　그 깨달음의 길에 나무가 함께 한다.

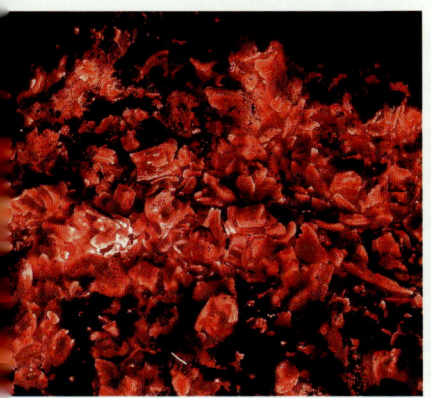
｜타고 남은 숯덩이

｜타고 남은 재

창작의 세계

생명의 나무

한창 창작활동에 몰두하던 20여 년 전 으로 거슬러 가보면, 현대 공예의 위상에 대해 고민하던 청년시절의 내가 있었다. 그때는 일반적으로 풍미되는 아카데미즘 지향성의 문제의식으로 실용성보다 미적 관념에 머무르는 창작의 세계를 비판하기도 했었다.

지금도 같은 생각이다. 관념(Conception)을 지각(Preception)으로 바꾸는 작업임에도 작가의 관념에만 머무르는 경우가 비일비재하기에 일반인들과의 교감이 부족하고, 괴리가 크지 않을까 생각해본다.

디자인을 하며 실용성보다는 정신적 가치 쪽으로 비중을 두는 형이상학적 방향을 나는 무척이나 피하고자 하였다. 용(用)을 떠난 물건은 미(美)를 해친다. 그럼에도, 오랜만에 진행하는 창작에서 나는 존재의 본질을 찾는 가치에 비중을 두는 모순 속에서 작업을 이어나가기로 하였다. 모순이라 스스로를 낮춰 표현했지만, 근본을 찾아 이야기를 담아내고 싶었다. 하나하나 마다의 작품이 가진 이유와 의미를 들춰내고 싶었다. 물론, 실용적 측면도 간과하지 않으려 애쓰며 공(工)의 정신에는 철저하고자 나름의 원칙을 설정해보았다.

작위(作爲)를 일삼지 않으며 만듦 자체에 정성을 깃들이고자 하였다. 나의 정신이든 육체든 오롯이 작품 속에 정성을 새겨보고자, 생명의 이야기들을 새겨보고자 했다.

첫째, 나무의 본질 자체를 파악하여 살리고자 했다.

형태는 결국 나무가 가진 고유의 생김에서 새로움을 찾아내고자 애썼다. 원목 그대로의 색감과 질감을 살리는 것도 중요했지만, 나무의 물성이 가진 한계(섞음, 갈라짐, 변색)를 피하기 위해 다양한 마감재를 이용해 색을 표현함에 있어서는 전통의 오방색으로 한정지어 나타내었다.

봄(동), 여름(남), 가을(서), 겨울(북), 중앙을 이야기함에 있어서도, 나무, 물, 불, 쇠, 흙을 이야기함에 있어서도 자연과 조화를 이루는 다섯 가지의 색으로 한정지어 나무 본연의 느낌 전달에 왜곡을 줄이고자 했다.

둘째, 죽거나, 죽였거나, 쓰임이 다한 나무의 재구성, 재해석을 통해 생명을 부활에 중점을 두고 새와 물고기의 형상으로 창작을 하였다.

사람의 필요에 따라 심어지고, 베어내어지고, 쓰임이 있었을 나무들이다. 각자 나름의 이유와 사연들이 있는 생명들이다. 無(滅) 속에서 有(生)의미를 찾아가는, 그리고 창작을 하는 내가 살아 있음을 증명하는 행위이기도 하다

간소화시킨 디자인에 하나하나의 작품마다 이야기가 담긴 생명체로 우리의 삶과 함께 함을 이야기하고자 했다. 자연물 중 하늘을 나는 새와 물속을 헤엄치는 물고기의 형상으로 만듦은 그 겉모습에 있어서는 사람과 다르지만 생명의 본질에 있어서는 다를 바 없음을 강조하기 위한 하나의 상징체로서 다룬 것이다. 그 움직임은 내가 살아있음을 증명하는 것이기도 하다.

셋째, 보는 것, 보이는 것에 초점을 두고 눈을 부각시키고자 했다.

결국, 눈이란 것은 단순히 보는 것을 넘어 그 속에 내재된 또 다른 무언가를 읽어 들이기 위한 나의 혜안(慧眼)이라는 의미를 이입하여 새와 물고기의 눈은 곧 나의 눈과도 일맥상통하는 개념이다.

형태와 재료에 있어 두 가지 이상이 결합되어 조화를 이뤄가는 합(合)에도 큰 의미를 두고 생명의 나무 작업에 임했다.

사진 : 'studio 사진속애' 천우철 작가

기적

액막이 명태

참나무 장작을 패고 군불을 지피면서 불 속에서 타들어가는 나무들이 마치 물고기의 절규처럼 보였다. 순간, 성경에서 예수가 다섯 개의 떡과 두 마리의 물고기로 많은 사람을 먹였다는 기적, '오병이어(五餅二魚)'가 떠올랐고, '명태'란 노래도 함께 떠올랐다.

  이 순간의 느낌을 어떻게 표현할까 하는 중에, 불구덩이 속으로 던져 넣을 참나무 장작에서 명태의 형상이 보이기 시작했고, 내 손에서 두 마리의 명태가 만들어졌다. 다시 불 속으로 던져 넣었다가 끄집어내었더니 불이 구워낸 타다 만 자연스런 느낌의 명태 두 마리가 기적처럼 작품으로 다가왔다.
  몸은 타 버렸지만, 사물을 바라보는 내 영감(靈感)이 살아있음을 표현하고자 반짝이는 자개로 눈을 표현해보았다. 두 마리를 실로 엮었더니 액막이 명태 두 마리가 되었다.

  어떤 찰나의 순간에 기적 같은 일을 만날 수도 있을 것이란 희망의 메시지를 담아보았다. 좋은 일에는 마가 끼일 수도 있기에(好事多魔) 항상 숙고하며 순간순간을 소중하게 맞이해보자.

400 × 60 × 400 참나무, 자개, 실타래

120 × 12 × 510 2EA 박달나무

물건의 재구성 I

새와 물고기 그리고 모란과 연꽃

벽걸이 장식

창고에는 예전에 썼던 몇 가지 가재도구들이 지금까지 남아 있었다. 소나무 재질의 닳은 주걱이 눈에 들어왔다. 한때는 요긴하게 쓰였을 이 물건에 어떻게 다시 생명을 불어 넣을까 고민하던 중에, 어머니 시집 올 무렵 할머니께서 심었다는 모란나무가 떠올랐고, 고된 시집살이와 일 많던 상황에서도 현모양처로 시절을 잘 가꿔온 진흙 속의 연꽃 같은 어머니가 떠올랐다.

모란과 연꽃이 피어오르는 아래로 새와 물고기를 그려 넣으며 쓰임이 다한 주걱을 새롭게 한 시절을 장식해가는 그림으로 탈바꿈시켰다. 일반적인 평면의 그림과는 다른 느낌을 주고자 일부분은 투각하여 평면 속에서 입체미를 느낄 수 있도록 변화를 시도해보았다.

600 × 200 × 120 / 380 × 40 × 40 박달나무, 호두나무, 밀랍

물건의 재구성 II

망둥이와 멸치

명상 목어

예전에 쓰던 물건 중 몇 남아 있는 가재도구 중에는 다듬이 나무와 방망이도 있었다. 긴 긴 밤 다듬질 해가며 묵언수행 하였을 어머니의 어머니들…, 고난 속에서 하루하루 이겨내어 가는 것 자체가 수행이었을 것이다.

"망둥이가 뛰니까 꼴뚜기도 뛴다."는 옛 속담이 있다. 제 분수나 처지는 생각하지 않고 무작정 잘난 사람 따라 함을 비유적으로 이르는 말일 것이다. 이 속담이 머리를 스치며 세파에 휘둘리지 않으려 애쓰는 사람의 자세를 나타내어보고자, 쓰임이 다해 섞어가는 나무의 모습에서 묵직한 망둥이와 펄떡이는 멸치의 형상으로 새 생명을 불어넣었다.

밤낮 눈을 감지 않고 꾸준히 수행에 정진하라는 뜻으로 목어를 만들었듯, 또렷또렷한 눈을 살리고자 갈색 호두나무로 심을 박아 넣어 표현해보았다.

1020 × 240 × 1200 소나무, 쇠파이프(10Φ)

물건의 재구성 Ⅲ

같은 몸 다른 꿈

물고기 조명

예전에 쓰던 물건 중 몇 남아 있는 가재도구 중에는 절구방망이도 있었다. 떡을 할 때, 메주를 만들 때, 여러 곡식을 빻을 때..., 요긴하게 쓰였던 생필품 중 하나였다.
무게 중심을 잡기 위해 양쪽으로 같은 모양이지만, 한쪽이 찧어질 때 다른 한쪽은 하늘을 향해 널뛰었을 것이다. 같은 몸이지만 바라보는 방향도, 하는 역할도 달랐다.

같은 침상에서도 다른 꿈을 꾼다는 '同床異夢'이라는 문구가 뇌리를 스치며 번뜩였다. "그래 번뜩이는 조명으로 바꾸어보자" 며 무게 중심을 잡기 위해 큰 한 쪽을 더 깎아 물고기의 형태를 만들고 속을 파내어 전선을 매립시켰다.
가운데 부분이 상대적으로 얇아서 매다는 방법도 고민해보다가 위, 아래 수직 방향의 쓰임이었지만, 결국 소나무 위에서 좌, 우 수평 방향의 스탠드형 조명으로 된 것은 가는 쇠파이프 위에서 무게 중심을 잡고 조금씩 움직이는 유쾌한 발상의 결과이다. 쓰임이 다하고 움직임이 없는 나무에 새로운 쓰임과 움직임을 부여해보았다.
'同體異夢' 같은 몸 다른 꿈(의미)이 되었다.

매화는 추워도 향기를 팔지 않는다

솟대 옷걸이

"梅生寒不賣香(매생한불매향)" 퇴계 선생은 "매화는 추워도 향기를 팔지 않는다."는 말을 평생의 좌우명으로 삼았다고 한다.
 아무리 어려운 상황이더라도 원칙을 지키며 자신의 소신을 굽히지 않겠다는 뜻이 담겨있는 말이다. 고집과는 다른 의미이며, 나의 좌우명과도 맞아 떨어진다. 그렇지만, 세상사는 시류에 편승하여 곡학아세(曲學阿世)하는 사람들이 더 판을 치는 세상이 되어가는 듯하다.

일찍이 고향으로 돌아와 부모님 집 위에 증축하여 집을 지으면서 담벼락을 허물어 길을 더 넓히고, 건축 자재를 수월하게 들이기 위해 담 옆 멀쩡한 매화나무를 베어내었다. 나의 편리함을 위해 생명이 다하게 되었던 나무였던지라 내내 미안했었다. 다시 생명을 불어넣기 위해 솟대 모양의 옷걸이로 만들었다.

향나무를 받침목으로 쓴 이유는 죽어서도 향기를 머금고 있음을 이야기하고 싶어서였다. 매화나무의 표면을 굴곡지게 다듬은 이유도 굴곡진 세상사에서도 한 방향을 바라보는 솟대의 굳은 의지를 나타내고자 했음이다. 눈은 매화 모양 자개를 붙여 그 본질이 매화나무였음을 알리기 위한 하나의 증표이다.

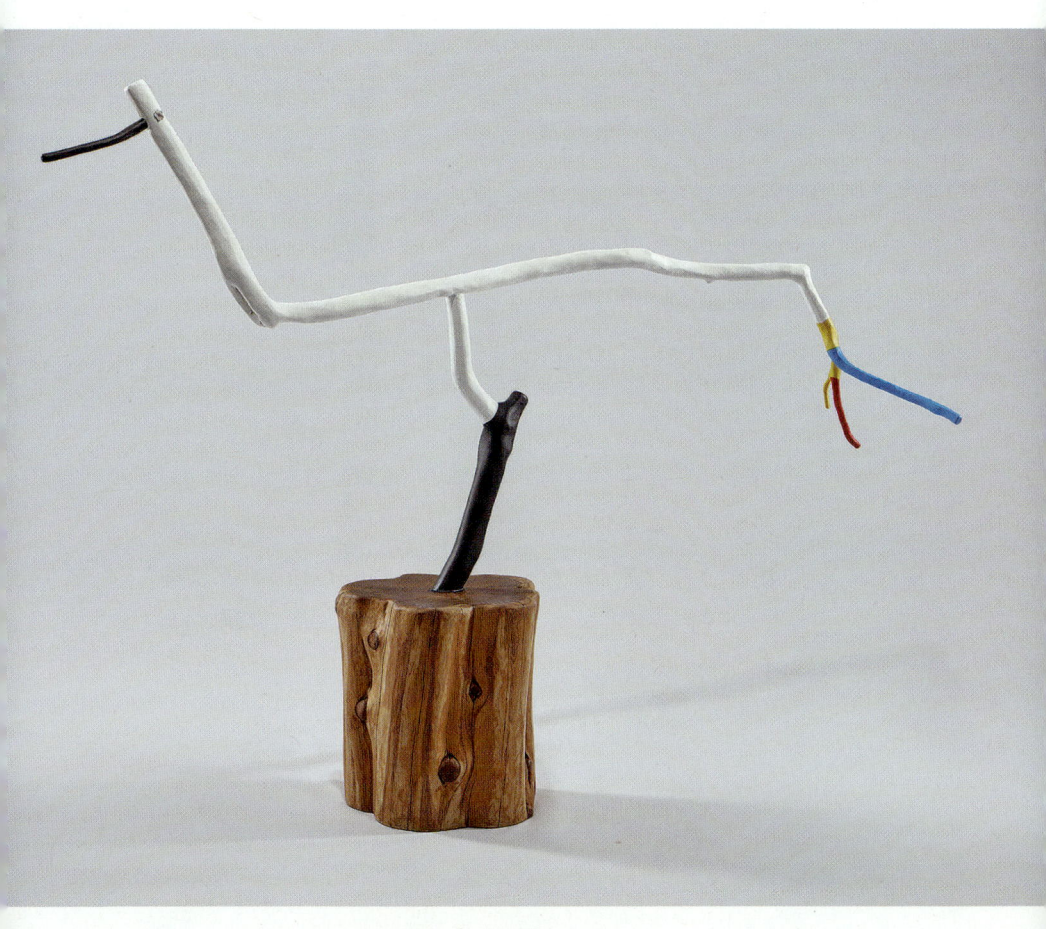

1800 × 350 × 1300 매화나무, 향나무, 자개

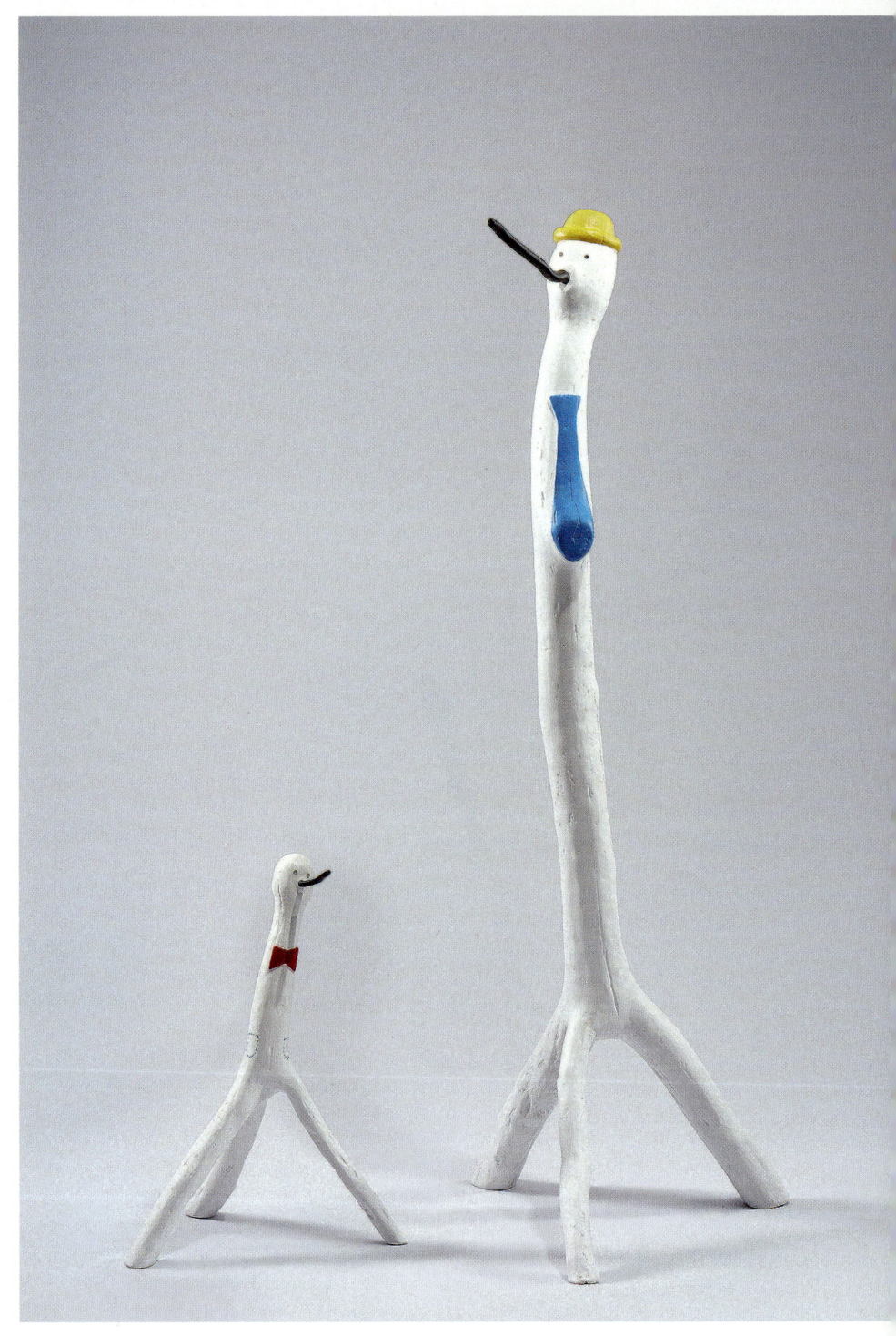

480 × 380 × 680 / 600 × 600 × 1740 참나무, 자개

아빠의 소망
Monument

아들이 태어났던 10년 전, 그때부터 나와 아들을 위한 기념이 될 만한 어떤 것을 만들고 싶었다.

이듬해, 표고버섯 대목을 벌채하기 위해 참나무를 베어내다가 세 갈래로 뻗은 가지의 모양이 좋아서 따로 다듬어 놓았다. 묵혀두었던 나무를 끄집어내어 10년 만에 실행으로 옮겼다.

유니크 한 세 다리, 검은색 긴 부리 하얀 학의 형상 속에 노란 모자, 파란 물고기 넥타이, 빨간 나비 넥타이, 사람 얼굴의 모습으로 의인화(人面鳥)시켰다. 사람의 얼굴과 새의 몸을 한 상상 속의 동물 인면조는 태평성대의 의미가 담긴, 하늘과 땅을 이어주는 존재라고 알려져 있다.

아들이 세상을 이롭게 하는 밝은 사람으로 성장해가기를 염원하는 아빠의 소망을 담아보았다.

520 × 200 × 240 호두나무, 호두껍데기, 풍경(風磬)

윤회

유쾌 발랄한 호두 목어

먼저 하늘나라로 간 아내가 임종을 앞두었을 때, 자신의 나무인 호두나무 아래에 묻어달라고 했다. 나는 그러겠다고 했지만, 연구소에 있는 호두나무에 그렇게 할 수는 없어 천성산 참나무 아래에 묻어주었다. 그리고 이듬해 호두나무를 베어내었다. 아내를 마음속에서 지우기 위해서는 아니었다. 없어졌지만, 결코 없어진 것이 아니라 내 마음에 새겨두고 싶었다.

묵묵히 자기 일을 하면서도 하염없이 남편을 믿고 응원해주던 아내가 아픔 속에서 마지막을 보내다 갔지만, 저 세상에서는 유쾌 발랄한 모습으로 자신의 소리를 내며 즐겁게 살아가기를 바라는 상상 속에서 베어낸 호두나무로 유니크한, 컬러풀한 목어로 환생시켰다.

520 × 250 × 530 다래나무, 자개

소통
Object

2008년 연구소 개소하고, 이듬해 봄에 심었던 다래나무가 15년 지나는 동안 엄청 자라 키위나무와 얽혀 살면서도 서로를 의지해가는 모습에서 적극적인 삶의 자세를 보았었다.
그랬던 나무를 베어버렸다. 없어짐으로 또 다른 무언가가 있게 될 거라 생각했다. 그래도 못내 아쉬워 베어낸 줄기 몇 가닥을 보관해 두었다가 작품으로 승화시켜보았다.

휘감는 다래나무 줄기의 본질을 살려 둥글게 감아 고정시키고, 그 죽음에 대한 애도의 뜻으로 까맣게 칠을 올린 뒤, 반짝이는 자개로 암수 한 쌍의 새를 만들어 마주하게 했다. 대화를 하는 형상으로 다래나무가 보여주었던 적극적인 소통의 생을 표현해보았다.

1800 × 1000 × 1400 삼지닥나무, 소나무, 닥종이, 치자염색

나무에서 물고기를 찾다
Object - Mobile

한겨울에도 앙증맞게 노란 꽃봉오리(夢花)를 달고 있던 예쁜 삼지닥나무의 죽음을 안타까워하며 새롭게 생명을 불어넣어주고 싶었다.
죽은 형태 그대로를 잘 말려두었다가 다듬고, 파랗게 칠을 올렸다. 세 가닥, 세 가닥으로 올라가는 가지(三枝)에 닥종이로 물고기 모양을 뜨고, 치자 열매를 달여 노랗게 물들였다. 바람에 하늘거리는 노란 닥종이가 마치 푸른 물속을 헤엄치는 생동하는 물고기처럼 보인다.

緣木求魚(연목구어)는 '나무에서 물고기를 찾는다.'는 뜻으로 불가능한 일을 굳이 하려 함을 비유적으로 이르는 말이지만, 나는 죽은 나무에서 새로운 생명을 읽어 들이는 시도를 해보았다. 새로운 창작의 세계를 펼치고자 하는 나의 의지표명이기도 하다.

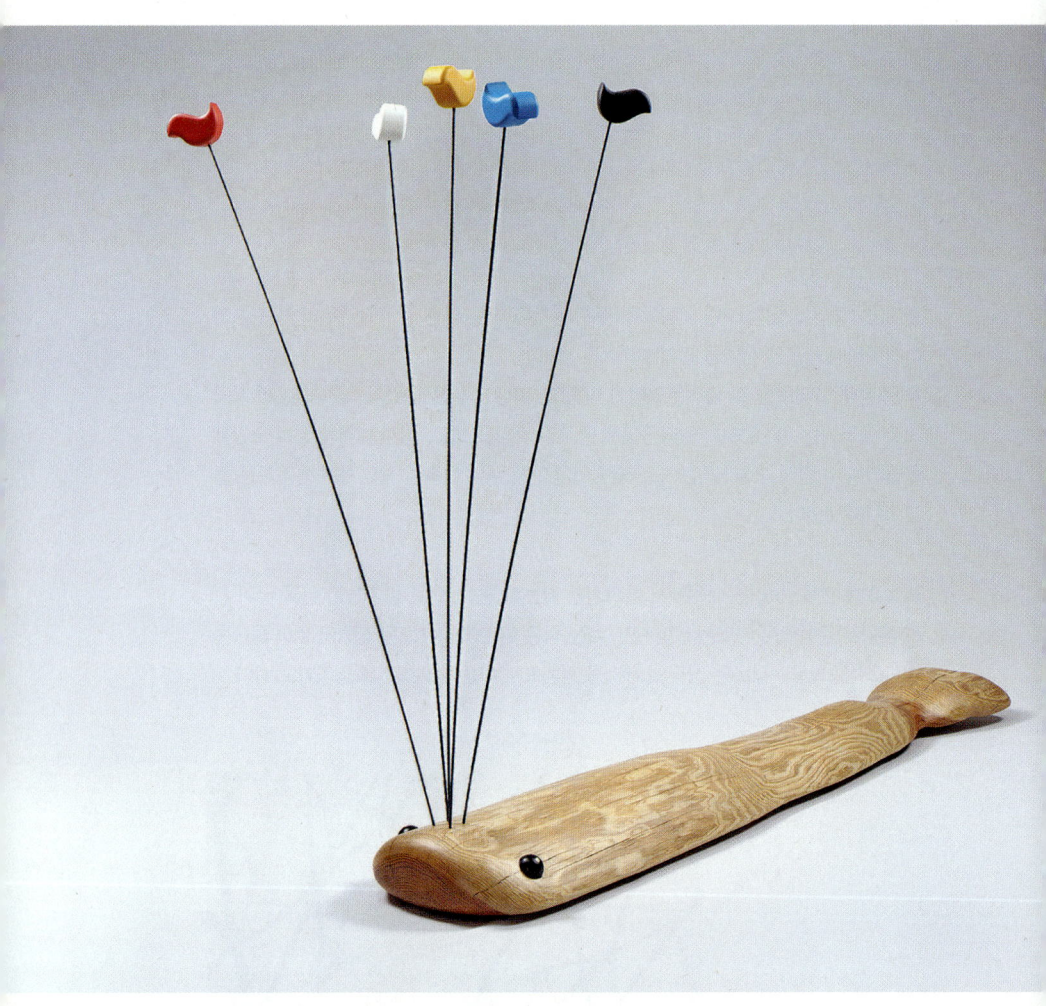

1900 × 450 × 1550 편백나무, 리기다소나무, 쇠파이프(5Φ)

고래의 꿈

Object - Mobile

수 년 전, 목재 제재소에 들렀다가 잘려져 나간 편백나무의 피죽(껍질부분)을 얻어왔다가 묵혀두었다. 내가 가지고 오지 않더라도 피죽은 어차피 갈아서 톱밥으로나 쓰였을 것이다.

60여 년 전, 할아버지는 아들(아버지) 장가보낼 때, 집 지을 서까래로 쓰겠다며 리기다소나무를 심었다 한다. 세월 지나 새롭게 편백나무 조림을 위해 리기다소나무를 베어내 땔감으로 재어 놓았다.

그렇게, 쓰임의 가치가 떨어진 나무에 새로운 꿈을 새겨보기로 했다. 고래가 수면 위로 떠올라 물을 뿜어 올릴 때 오방색 새가 솟구치는 형상으로 생명의 꿈틀거림을 표현해보았다.

원대한 꿈이 아니어도 좋다. 제 빛깔 뿜어가며, 일상에서 소소한 즐거움을 누리며 행복하게 살고 싶다. 고래의 소박한 꿈처럼 내 꿈도 그러하다.

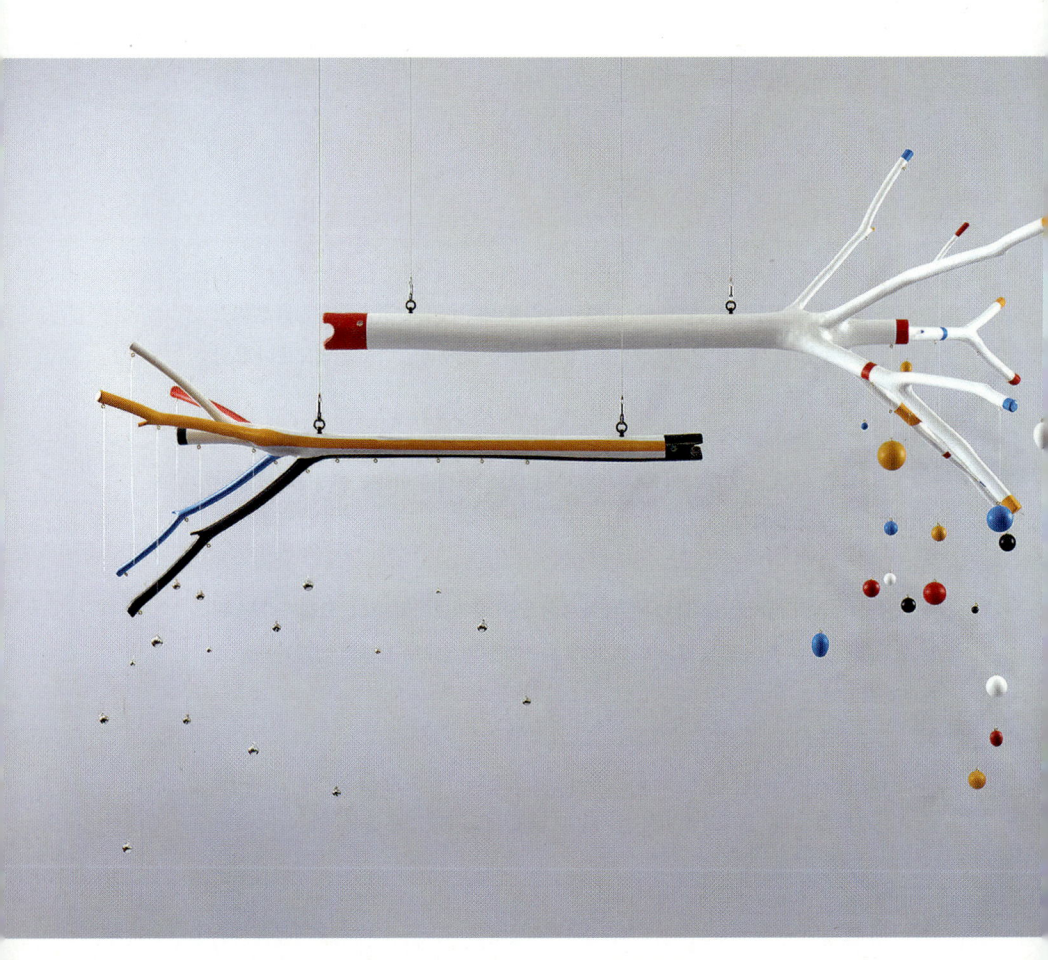

1500 × 900 × 1400, 1000 × 450 × 1100 층층나무, 참나무, 스테인리스 방울

사랑

Object - Mobile

우산 모양으로 펼친 가지를 층층이 뻗어 올린 층층나무가 좋았다.
묵혀둔 가지로 암수 한 쌍의 물고기를 만들어 수컷은 구애를 하기 위해 오색 빛깔에 소리를 내는 것으로 여러 방울을 매달았다. 암컷은 그 사랑의 결실로 오색 알을 낳는 것으로 구슬모양 참나무를 주렁주렁 매달아 모빌 작품으로 탄생시켜보았다.

허공을 유영하며 제각각의 소리와 색깔로 사랑 충만한 풍경을 연출하려 정성을 기울였다. 사람 세계도 이와 같지 않을까싶다.

600 × 400 × 2000 참나무, 살구나무, 자개

사색

부엉이 의자 옷걸이

둥치가 큰 나무를 베어내보면 위험할 때가 많다. 그 육중한 무게에 기가 짓눌리는 듯한 느낌을 때때로 받기도 한다. 한 둥치에서 세 가닥으로 올라가는 참나무는 쓰러지는 방향을 설정하기도 애매했는데, 다 베고 나서 안도감을 느끼며 세 가닥 가지의 형상에서 이내 의자를 만들어봐야겠다는 생각을 하게 되었다. 그리고 몇 해 묵혀두었다가 껍질을 벗겨내고 모양을 다듬는 중에 부엉이 모양이 연상되었다.

어린 묘목을 심어 몇 해를 잘 키워오며 새콤달콤한 열매를 내어주던 살구나무가 태풍에 흔들리며 밑동에서부터 부러져 죽었다. 부엉이 의자의 등받이(머리 부분)에 올려 심어 다른 기능성(옷걸이)까지 겸비하게 해보았다. 다른 나무지만 강렬한 노랑으로 연결되게 하면서도 고개를 갸우뚱거리며 생각하는 부엉이를 더욱 돋보이게 하기 위해 살짝 비뚤어지게 꽂아 넣었다.

다른 나무, 다른 쓰임이 하나로 연결되어 새로운 생명과 쓰임으로 우리의 삶과 함께 할 것이다.

2600 × 580 × 520 벽오동, 참나무, 물푸레나무, 다래나무, 자개

등용문
푸른 벤치

딸이 태어났음을 기념하며 올곧고 푸르게 성장하기를 소망하며 심었던 벽오동 두 그루 중, 한 그루에는 딸 이름을 붙이고, 한 그루는 연구소 입구에 심었다. 본가의 서편 장독대 방향인데, 가을이면 떨어지는 낙엽에 장독대가 지저분해져 결국 베어내고 말았다.

잘린 채, 몇 년을 묵혀둔 길쭉한 벽오동 모습에서 용의 형상을 보았다. 껍질을 벗겨낼수록 다른 나무와는 달리 속까지 푸릇푸릇한 색감이 그 이름값을 하고 있었다. 간벌한 참나무로 잉어 두 마리를 만들어 양쪽 받침대로 앉히고, 그 위에 긴 벽오동을 걸쳤다.
이상을 향해 나아가는 용의 모습으로, 벤치의 기능성으로 탈바꿈시켜 보았다.

1660 × 610 × 700 소나무, 참나무, 은행나무, 자개

동행

세 나무 테이블

디자인적 요소를 부각시키기 보다는 나무 자체가 가진 색감과 목리를 표현하는데 주안점을 두었다.

상판의 소나무는 잘려진 단면과 옹이까지 그 모습 그대로를 표현하며 두꺼운 그 자체로 세월의 무게를 표현하고자 했다. 참나무는 껍질을 벗기고 드러나는 고유의 색상과 강직한 느낌 그대로를 나타내고자 했다. 은행나무는 베어내어지는 가로수를 얻어와 잘 묵혀뒀던 것으로 잘려진 단면에서 심재와 변재의 무늬와 색감을 자연스레 읽어 들여 보고자 했다.

이렇게, 다른 세 나무의 어울림으로 테이블을 구성하고, 가운데 옹이 부분을 동그랗게 파내어 작은 우주(연못)를 만들었다. 그 곳을 향해 나뭇결 따라 떼 지어 가는 물고기 모습을 자개로 표현하며 함께 어울려 살아가는 자연의 세계를, 생명의 소중함을 새겨보고자 했다.

책을 마치면서

'보는 나' 와 '보이는 나'

관망자觀望者의 내 모습
나의 행복, 관계하는 모든 것들에 대해서
채움과 비움, 있음과 없음

나무에 기대어

    일찍이 개인 홈페이지를 구축하기도 하고, 소셜미디어에 삶의 편린들을 기록하며 사람들과 관계를 할 때가 있었지만, 지금은 거의 하지 않는다. 간혹 사람들의 삶이 궁금해질 때면 들여다보는 관망자觀望者로서의 내 모습이 있었다.

    현실의 우리는 남들이 자신을 어떻게 보는지 대부분 생각하며 말하고 행동한다. 자신에게 여러 시선이 집중될수록 불안을 느끼기도 하겠지만, 행복감이 커질 때도 있을 것이다. 자신이 어떻게 보이는지 계속 확인하며 '보는 나' 보다 '보이는 나' 에 치우칠 때가 많을 것이라 생각했다. 그래서 나는 점점 온라인상의 관계를 하지 않게 되었다.

    그러는 사이, 여러 시련들과 마주하며 말없이 자기 생을 이어가는 주변의 나무를 바라보았다. 그리고 기대었다. 그랬더니 나무는 여러 것들을 보여주며 가르침도 주었다. 디지털 세상에서 아날로그를, 나무를 더 찾았다. 그게 나와 더 맞았다.

관조의 시간

나무를 바라보면, 주어진 환경에서 자신의 생존을 고민하며 '보는 나' 의 상태로 '자기다운 삶' 을 이어가고 있었다.

그런 깨우침을 얻고도 한편으로는 '보이는 나' 를 고민하기도 했었다. 혼자만의 글이 아니라 세상을 향한 글이었기에 어떻게 보일지에 대한 의식을 많이 했기 때문이다. 또 '나' 란 존재 자체가 유머나 위트와는 거리가 멀고, 쓸데 없는 진중함이 때때로 묻어나 다소 매력 없이 보이지는 않았을까 노파심이 드는 것도 사실이다.

그럼에도, 나무를 바라보면서 '보는 나' 의 시간을 좀 더 가질 수 있었다는 데 대해 나무에게 감사해 하며, 나름의 행복감을 느끼기도 했다며 자기위안을 해 본다. 그리고 나를 비롯한 주변의 사람들, 소소한 일상의 것들, 이를테면 가족과 일과 소신(신념) 같은 것들에 좀 더 집중할 수 있었다.

그런 집중된 시간 속에 생각을 표현하기 위해 글로 옮기면서 보다 근원적인 '왜?' 에 대해서 접근을 할 수도 있었다. '지금 여기' 를 살아가면서 이상을 어떻게 실현해 갈 것이냐를 알기 위한 구체적인 지침이 되기도 했다.

계절 따라 피고 지는 나무들의 잎과 꽃과 열매들을 바라보기 위해 멈춰서는 시간 속에 그 현상 뿐 아니라 내면의 세계를 어떻게 바라볼 것인가, 거기서 무엇을 읽어 들여 나의 이야기를 할 것인가, 그리고 또 그 의미를 어떤 다름과 새로움으로 해석해나갈까 고민하는 시간이었다. 궁극에는 나의 행복에 대해서, 나와 함께 하는 모든 것들과의 관계에 대해서 비추며 바라보는 관조觀照의 시간으로 채워졌다.

無

　나무를 이야기하며 나를 이야기해보는 가운데, '무'를 '無'로 씀은 '없다', '아니다', '~하지 않다'의 없거나 존재하지 않는 상태를 의미하는 것이 아니라 색즉시공色卽是空, 비유비공非有非空의 의미로 다가가 역설적 표현을 하기 위함이다.

　결국, 채움과 비움이나 있음과 없음은 동일한 현상의 다른 표현이겠다. 모든 현상에는 무수히 많은 원인과 조건의 결합이나 상호 관계, 그 인연을 통해 일어남을 말하고 싶었다.

　나무를 바라보며, 나를 바라보며..., '보는 내'가 '지금 여기'에 있다.

졸필이나마 스스로 목표했던 숙제를 일단락 지으며,
천성산 아래 무지개골에서..., 田

표지그림 설명

 일반적인 디자인에서 탈피하고 싶었다. 표지에서부터 나의 색깔을 입히려 고민했다.
'나무'의 생을 이야기 하며, '나無' 내가 없으면서, '나無' 내가 있음을 강하게 드러내고 싶었다.

 '緣木求魚(연목구어)'란 한자성어가 계속 뇌리에서 맴돌았다. '나무에서 물고기를 찾는다.' 는 뜻으로 불가능한 일을 굳이 하려 함을 비유적으로 이르는 말이다.
보이는 것만이 전부가 아님을 말하고 싶었다. 쓰임이 다한 나무에서 새로운 생명을 읽어 들이는 시도를 해보고 싶었다. 새로운 세계로 향하고자 하는, 펼치고 싶은 나의 의지표명이다. '나무'를, '나'를 더 들여다보기 위함이기도 하다.

 물푸레나무 가지와 참나무, 소나무, 벚나무, 주목의 잘려진 단면으로 글자를 만들고, 한글 '나'는 진한 초록으로, 한자 '無'는 퇴색한 빛깔로 표현하며 있음과 없음, 채움과 비움의 경계를 표현하고자 했다.

 그 표현에 보태어 나와 장르가 다르지만, 자발적 아웃사이더의 공통점이 있는 윤정아 작가가 생동하는 물고기를 그려주었다. 나의 심벌(symbol) 색깔인 파랑으로 더 돋보이게 해주었다.
 생명(존재)을 강조하기 위해 닥종이에 노랗게 치자 물을 들이고, 어울려 살아가는 공동체를 표현하기 위해 숲 속을 입체적으로 나타내고자 물들인 닥종이를 찢어 붙였다.
콜라주(collage)이다. '관계없는 것을 짜 맞추어 예술화하는 화법' 이라는 뜻 그대로 관계가 없을 것 같은 사람과, 요소의 조합으로 새로움을 표현하고 싶었다.
새로운 관계가 만들어졌다. 우리가 살아가는 삶, 자체가 그럴 것이다.

나 無

1판 1쇄 2025년 4월 15일
1판 발행 2025년 4월 18일

지은이 전이섭
펴낸이 주지오
사 진 전이섭
그 림 윤정아
디자인 천윤경

펴낸곳 도서출판 무량수
　　　 부산광역시 연제구 중앙대로 1131, 1201호
전 화 051-255-5675
전자우편 boan21@korea.com
출판신고번호 제 9-110호

값 25,000원

ISBN 978-89-91341-01-2

ⓒ
이 책의 판권은 지은이와 도서출판 무량수에 있습니다.
이 책 내용의 전부 또는 일부를 재사용하려면 반드시 양측의 동의를 받아야 합니다.